A ECONOMIA FEMINISTA

Tradução
Maria Alice Doria & Milena P. Duchiade

Prefácio de
Thomas Piketty

Hélène Périvier

Por que a
ciência econômica
precisa do feminismo
e vice-versa

A ECONOMIA FEMINISTA

© desta edição, Bazar do Tempo, 2023
© Presses de la Fondation nationale des sciences politiques, 2020

Título original: *L'économie féministe – Pourquoi la science économique a besoin du féminisme et vice versa*

Todos os direitos reservados e protegidos pela Lei n. 9.610, de 12.2.1998.
É proibida a reprodução total ou parcial sem a expressa anuência da editora.

Este livro foi revisado segundo o Acordo Ortográfico da Língua Portuguesa de 1990, em vigor no Brasil desde 2009.

Edição
Ana Cecilia Impellizieri Martins

Coordenação editorial
Cristiane de Andrade Reis

Tradução
Maria Alice Doria & Milena P. Duchiade

Copidesque
Cecilia Mattos Setubal

Revisão
Alice Cardoso

Capa e projeto gráfico
LeTrastevere

Diagramação
Cumbuca Studio

CIP-BRASIL. CATALOGAÇÃO NA PUBLICAÇÃO
SINDICATO NACIONAL DOS EDITORES DE LIVROS, RJ

P525e
Périvier, Hélène, 1972-
A economia feminista: por que a ciência econômica precisa do feminismo e vice-versa / Hélène Périvier; [tradução Maria Alice Doria; prefácio de Thomas Piketty]. - 1. ed. - Rio de Janeiro: Bazar do Tempo, 2023.
184 p. ; 21 cm.

Tradução de: L'économie féministe
ISBN 978-65-84515-35-2

1. Economia feminista. 2. Mulheres - Condições econômicas. I. Doria, Maria Alice. II. Piketty, Thomas. III. Título.

23-82249   CDD: 330.082
             CDU: 330:141.72

Gabriela Faray Ferreira Lopes - Bibliotecária - CRB-7/6643

BAZAR DO TEMPO
Produções e Empreendimentos Culturais Ltda.

Rua General Dionísio, 53 - Humaitá
22271-050 Rio de Janeiro - RJ
contato@bazardotempo.com.br
www.bazardotempo.com.br

A todas as pioneiras
cuja determinação
abriu a via da instrução
para as mulheres.

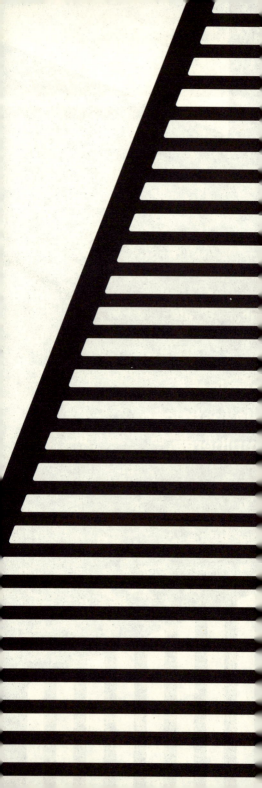

SUMÁRIO

009 Prefácio, por
Thomas Piketty

015 Introdução
Eu sou uma economista feminista

024 Parte um
A Economista, a feminista e a cidade
027 Capítulo 1. A economia e seus excessos
053 Capítulo 2. O feminismo pensa!

078 Parte dois
Além do homem econômico
081 Capítulo 3. As críticas feministas da economia
107 Capítulo 4. Sexo e gênero da economia

128 Parte três
A economia e o desafio da igualdade
131 Capítulo 5. Do Senhor Ganha-pão à Senhora Ganha-migalhas
155 Capítulo 6. A prioridade da igualdade

177 Conclusão
Para uma economia política feminista

183 Agradecimentos

Prefácio

Esta é uma obra que, obrigatoriamente, precisa ser lida. Com sutileza e erudição, Hélène Périvier oferece aos leitores e leitoras uma poderosa defesa de uma "economia política feminista" e uma estimulante análise histórica das múltiplas resistências que precisam ser vencidas para avançar nessa direção. Se a economia tem tanta dificuldade para se tornar feminista, explica Hélène Périvier, é, em primeiro lugar, porque com muita frequência ela não se assume como uma "economia política", isto é, uma economia consciente da pluralidade das escolhas políticas e dos modos de organização que se oferecem às sociedades humanas. De fato, cada organização da economia depende, antes de tudo, de uma concepção de justiça social, de economia justa e das conflituosas relações intelectuais e materiais entre as múltiplas visões de mundo e entre os diferentes interesses sociais presentes. Isso vale tanto para os direitos sociais e econômicos quanto para os direitos políticos, para a igualdade social e racial tanto quanto para a igualdade mulheres-homens.

Às vezes, a disciplina econômica parece ter se tornado puramente "científica", preocupada apenas com uma medida objetiva da "eficácia produtiva". Na prática, essa postura cientificista e produtivista serve, há muito tempo, para dissimular uma ideologia social conservadora que repousa na sacralização do mercado, da propriedade e da desigualdade. Em 1849, quando o escritor e jornalista britânico Thomas Carlyle se referiu à *dismal science* ("ciência sombria"), não foi para criticar a economia e, sim, ao contrário, para evocar sua capacidade única de manejar as leis da oferta e da procura, no caso, para concluir que a manutenção da escravidão interessaria aos negros, pois a inferioridade deles era evidente. Na época, intelectuais "liberais", como Tocqueville e Schoelcher, argumentavam que a abolição só poderia ser feita por meio de uma compensação financeira integral aos proprietários e de uma rigorosa obrigação de trabalho imposta aos ex-escravizados, senão haveria o risco de desestabilizar toda a ordem econômica. O semanário *The Economist* – ele, desde então! – defendia os direitos dos proprietários e frequentemente se preocupava com as prováveis consequências deploráveis que se resultaria de uma extensão imprudente do direito ao voto para os homens pobres e as mulheres.

Mas Hélène Périvier também nos lembra de que sempre existiu, ao lado dessa tradição "sombria", uma autêntica economia política encarnada, por exemplo, por Mill, Marx, Veblen ou Keynes, autores que já insistiam no fato de que a desigualdade e o patriarcado eram construções sociais, históricas e políticas e que a lógica da igualdade de direitos deveria se opor, sem descanso, à dos preconceitos raciais, sociais e sexistas. Além desses nomes famosos, esta obra celebra o papel de um conjunto de autoras e autores menos conhecidos.

A luta intelectual e política continua nos dias de hoje. Na Índia, as experiências realizadas por Esther Duflo[1] e colegas mostraram que a eleição de mulheres para as *panchayat* (prefeituras) reduziu fortemente os estereótipos negativos contra elas, como os medidos, por exemplo, pelas reações suscitadas pela leitura dos mesmos discursos políticos gravados com vozes masculinas e femininas. Essa talvez seja a prova mais convincente da necessidade das políticas de ações afirmativas para vencer antigos preconceitos.[2] Trabalhos recentes coordenados por Julia Cagé mostraram que uma melhor representação das mulheres poderia avançar em conjunto com a melhora da representação das

---

[1] Esther Duflo (1972-). Economista francesa de origem estadunidense, vencedora do prêmio Nobel de Economia em 2019, junto a Abhijit Banerjee e Michael Kremer. (N.E.)

[2] Ver Lori Beaman, Raghabendra Chattopadhyay, Esther Duflo, Rohini Pande, Petia Topalova, "Powerful Women: Does Exposure Reduce Bias?", *Quarterly Journal of Economics*, 124 (4), p. 1497-1540, 2009.

categorias sociais menos favorecidas, hoje em dia quase ausentes dos parlamentos. Em outras palavras, a paridade mulheres-homens e a paridade social devem crescer juntas.[3]

Se a luta está longe de terminar é, primeiramente, por causa da persistência arraigada dos preconceitos e das discriminações. Grande parte das sociedades humanas até os dias de hoje foram sociedades patriarcais, de uma maneira ou de outra. A dominação masculina desempenhou um papel central e explícito em todas as ideologias anti-igualitárias que se sucederam até o início do século XX, quer se tratassem de ideologias ternárias[4], proprietaristas ou colonialistas. Ao longo do século XX, os mecanismos de dominação se tornaram mais sutis (porém não menos violentos). A igualdade formal dos direitos, de fato, foi pouco a pouco instaurada, mesmo que o processo fosse lento, trabalhoso e ainda em curso devido às múltiplas resistências. O sufrágio feminino foi conquistado em 1893 na Nova Zelândia, em 1928 no Reino Unido, em 1930 na Turquia, em 1932 no Brasil, em 1944 na França, em 1971 na Suíça e em 2015 na Arábia Saudita.[5] Em vários países da Europa, entre eles a França, até os anos 1970 existiam profundas desigualdades jurídicas entre as mulheres e os homens, quer se tratasse do direito de assinar sozinha um contrato de trabalho, abrir uma conta no banco, ou em caso de divórcio e de adultério.

É preciso sempre partir da seguinte realidade essencial: na escala da história, estamos apenas começando o processo de saída do patriarcado. Também precisamos lembrar que a ideologia da mulher no ambiente doméstico como realização social conheceu no século XX seu

---

3 Ver Julia Cagé, *Libres et égaux en voix*, Paris: Fayard, 2020.

4 Para Piketty, as sociedades pré-capitalistas ternárias dividem-se em clero, nobreza e povo ou plebe (Tiers État), composto pelos camponeses, artesãos e comerciantes. (N.E.)

5 O sufrágio feminino, algumas vezes, foi aplicado por etapas, como no Reino Unido: em 1918, para as mulheres com mais de 30 anos que satisfizessem uma condição de proprietária, depois, em 1928, nas mesmas condições que os homens (acima de 21 anos e sem a condição de proprietárias), o que lembra, de novo, a ligação entre a luta feminista e o combate social.

momento de glória, em especial ao longo dos "trinta [anos] gloriosos".[6] Na França, no início dos anos 1970, quase 80% da massa salarial era recebida por homens.[7] Aqui vemos quanto a questão dos indicadores e sua politização é crucial. Em geral, nos contentamos em dizer que a disparidade de salário mulheres-homens, "desempenhando a mesma função", é de 15% a 20%. O problema é, exatamente, que as mulheres não têm acesso aos mesmos cargos que os homens. Em fim de carreira, a diferença média de salário (que incide no valor da aposentadoria, sem contar as interrupções de carreira) é, na realidade, de 64%. Se examinarmos o acesso aos empregos mais bem remunerados, constatamos que o cenário muda muito lentamente: no ritmo atual, precisaríamos esperar até o ano 2102 para atingir a paridade.[8] Para acelerar o movimento e sair de verdade do patriarcado é indispensável estabelecer medidas coercitivas, verificáveis e passíveis de punição, tanto para os cargos de liderança nas empresas, no governo, nas universidades e nos parlamentos.

Acontece que estamos muito longe do voluntarismo exigido. Pior: nosso sistema tributário ainda inclui inúmeras regras saídas dos "trinta gloriosos" e que contribuem para reforçar e perpetuar as desigualdades mulheres-homens nos casais (como a declaração de renda conjunta e um sistema de licença parental ultrapassado). Para concluir, como lembra Hélène Périvier, uma tímida diretriz europeia que instituía licença parental igual para mães e pais foi bloqueada em 2017 pela França e pelo seu jovem presidente recém-eleito, alegando-se que o dispositivo sairia muito caro. Poderíamos multiplicar os exemplos: atualmente, o governo francês pensa em implantar nas universidades o sistema norte-

---

6 A expressão "trinta gloriosos" foi usada pelo economista francês Jean Fourastié (1907-1990) em seu livro dedicado à expansão econômica que a França e a maioria dos países desenvolvidos experimentaram no pós-Segunda Guerra, especialmente entre os anos 1946 e 1975. *Les trente glorieuses ou la révolution invisible*, Paris: Fayard, 1979. (N.T.)

7 Ver Thomas Piketty, *Capital et idéologie*, Paris: Seuil, 2019. [Ed. bras: Thomas Piketty, *Capital e ideologia*, Rio de Janeiro: Intrínseca, 2020].

8 *Ibid.*

-americano do "*tenure-track*", que consiste em postergar a permanência, durante seis a dez anos, dos jovens professores pesquisadores depois de suas teses e ao longo dos seus primeiros cargos universitários (em geral não antes dos trinta anos de idade). Para os promotores do sistema, muitas vezes homens mais velhos em situação de poder e, muito em particular, os economistas (a profissão é uma das mais masculinas), o *tenure-track* permitiria maximizar o incentivo e a produtividade, o que é bastante duvidoso. O certo é que esse sistema precariza de modo duradouro os jovens professores pesquisadores e é especialmente discriminador em relação às mulheres. A luta continua, e a economia política precisa fazer a sua parte: não escolhemos o próprio sexo, mas escolhemos o mundo pelo qual lutamos.

Thomas Piketty, setembro de 2020

Introdução

EU SOU UMA ECONOMISTA FEMINISTA

Qual é o sentido dessa afirmação? Se a economia é uma ciência e o feminismo uma ideologia política, então economia feminista seria um oximoro. Uma ciência não pode se associar ao engajamento militante. A análise científica ficaria contaminada pela subjetividade e perderia a natureza imparcial. Seria desviada de seus objetivos para ser apenas uma ferramenta a serviço de uma luta, uma luta pelos direitos das mulheres e pela igualdade. No entanto, a economia feminista hoje em dia é reconhecida como um braço da ciência econômica e dispõe de uma associação internacional de estatura acadêmica, a International Association for Feminist Economics (IAFFE), e de uma revista científica reconhecida pelos profissionais da área, a *Feminist Economics*. Esse processo de institucionalização da abordagem feminista não ocorreu nas outras ciências sociais. Várias pesquisadoras adotam uma perspectiva feminista em seus trabalhos, mas não precisam se afirmar como sociólogas feministas, cientistas políticas feministas ou historiadoras feministas. Para compreender por que as economistas feministas acharam que deviam se apresentar como tais, é preciso voltar aos fundamentos normativos da economia (capítulo 1) e ao conteúdo científico do feminismo (capítulo 2).

O feminismo visa a igualdade dos sexos. Ele denuncia o sexismo como um sistema de desqualificação das mulheres e a ordem sexual que faz do patriarcado sua forma mais exitosa. Defende a emancipação e os direitos das mulheres. Por trás dessa abordagem se ocultam múltiplas estratégias, individuais e coletivas, e inúmeras divergências, às vezes intensas. A diversidade dos movimentos sociais e políticos feministas obriga, sobretudo, a aceitar a pluralidade. Os feminismos acumularam análises teóricas e empíricas que explicitam as desigualdades entre os sexos. As diferentes linhas de pesquisa abriram um campo de análise sobre a perpetuação dessas desigualdades e as condições de implementação do princípio de equidade. Essas reflexões mostram que a questão feminista não é uma reivindicação específica de uma categoria, mas uma dimensão incontornável do igualitarismo. Para além desse objetivo comum de igualdade, a perspectiva crítica do feminismo unifica abordagens distintas.[1] Ela se aplica a todos os níveis da sociedade e, em especial, à epistemologia, objeto de estudo deste livro. As críticas feministas à economia levam a uma renovação conceitual, bem como a uma ampliação das temáticas. Elas jogam luz sobre a impossível neutralidade que, por muito tempo, os economistas acreditavam alcançar.

Os economistas ocupam um lugar marcante no debate público em função dos assuntos que tratam (por exemplo, emprego, desemprego, pobreza, crescimento), portanto, eles respondem a algumas das nossas principais preocupações. Por isso, são mais arrogantes, já que acreditam compreender, melhor do que os colegas de outras ciências sociais, as grandes questões do mundo.[2] Eles inspiram autoridade pelas técnicas com as quais quantificam a riqueza de que dispomos e avaliam as políticas públicas, mas também provocam rejeição daqueles que recusam o culto aos números assimilado a uma forma de cinismo despolitizado. O problema não é recorrer à quantificação. Ela é indispensável para a compreensão dos fenômenos sociais, mesmo que comporte uma parte arbitrária e não possa ser assimilada a um método de objetivação perfeito. Portanto, essa acusação passa ao largo da crítica que podemos dirigir aos economistas, a saber, à forma de compreender o método científico.

---
1 Éliane Gubin et al., *Le Siécle des feminismes*, Paris: Éditions de l'Atelier, 2004.

2 Marion Fourcade, *Economists and Societies: Discipline and Profession in the United States, Britain and France, 1890s to 1990s*, Princeton/Oxford: Princeton University Press, 2010. Frédéric Lebaron, "La domination des économistes. Éléments d'interprétation", Atelier de méthodologie et d'épistémologie. Cycle de réflexion sur l'histoire des pensées, Véronique Meuriot et al. (orgs.) *Cahiers de AME*, n°. 5, 2017.

Considerando que as reflexões acerca de justiça social e ética alteravam a dimensão científica da área, então em seus primórdios, economistas do fim do século XIX se afastaram progressivamente, deixando para a filosofia moral a tarefa de tratar dessas questões. Isso não é apanágio apenas dos economistas liberais. Karl Marx[3] inscreveu sua teoria crítica do capitalismo na linha da economia clássica com o objetivo de construir um socialismo científico centrado nas condições de produção e não nas questões redistributivas, que seriam do campo das considerações morais.[4] A busca por uma neutralidade idealizada levou os economistas a unificar suas abordagens apoiando-se em uma linguagem comum. Mais didático e formalizado, o paradigma neoclássico era um candidato ideal para dominar a área. Esse quadro coerente responde a questões relativas aos intercâmbios mercantis, mas não foi concebido para compreender as trocas de outra natureza (como o trabalho doméstico ou o familiar). Ele se construiu fazendo da racionalidade individual o alicerce da análise econômica. Uma vez que as considerações de justiça social e éticas foram afastadas, as condições nas quais se exerce essa racionalidade não são questionadas. Ao supor que o indivíduo seja livre para fazer suas escolhas, negamos a existência de relações de poder e dominação e descartamos o papel das normas sociais nas decisões individuais. As escolas alternativas de pensamento foram catalogadas como filiadas à heterodoxia. Na classificação das publicações reconhecida pela comunidade dos economistas do *Journal of Economic Literature* da American Economic Association, a subseção B5 *Current Heterodox Approaches* compreende o marxismo, o institucionalismo das origens de Thorstein Veblen[5] e de John Commons,[6] como também a escola

---

3 Karl Marx (1818-1883), filósofo e economista alemão.

4 Nancy Folbre, "Socialism, Feminist and Scientific", Marianne A. Ferber; Julie A. Nelson (orgs.), *Beyond Economic Man. Feminist Theory and Economics*, Chicago: University of Chicago Press, p. 94-110, 1993.

5 Thorstein Veblen (1857-1929), economista estadunidense.

6 John Rogers Commons (1862-1945), economista estadunidense.

austríaca liberal de Friedrich von Hayek.[7] A economia feminista completou esse quadro em 2006.[8] As temáticas ligadas às discriminações e aos estereótipos já estavam presentes desde 1990 na subseção J16 *Economics of Gender; Non-labor Discrimination*.[9] A classificação da economia feminista em meio a escolas heterodoxas parece responder a uma necessidade de especificar as abordagens que se opõem diretamente ao paradigma neoclássico.[10] Levada ao seu paroxismo, a dominação neoclássica fez do *homo œconomicus* a única grade de leitura dos comportamentos humanos. Esse imperialismo, do qual Gary Becker[11] e Milton Friedman[12] foram os representantes mais conhecidos, tornou o livre mercado o modo de regulação das nossas sociedades. Sob o abrigo do positivismo, ele determina as bases de um neoliberalismo que coloca as liberdades econômicas acima das liberdades políticas. Portanto, não é o paradigma neoclássico que está em jogo, mas sua generalização a toda

—

7 Friedrich August von Hayek (1899-1992), economista e filósofo austríaco. Em 1974, recebeu o prêmio do Banco da Suécia em ciências econômicas em memória de Alfred Nobel, em seguida, o prêmio Nobel de Economia.

8 Essa categoria é descrita como: "Covers studies about issues related to Feminist approaches to economics as well as studies about economic subjects, using these approaches. Studies may deal with either (applied) microeconomics or (applied) macroeconomics or both and may be either theoretical or empirical." ["Abrange estudos sobre temas relacionados às abordagens feministas da economia, bem como sobre assuntos ligados à economia que utilizam essas abordagens. Os estudos podem lidar tanto com microeconomia (aplicada) quanto com macroeconomia (aplicada) ou ambas e podem ser tanto teóricos quanto empíricos."] As citações em inglês foram mantidas como no original, seguidas de suas respectivas traduções para esta edição. [N.E.]

9 Essa subseção compreende os seguintes temas: Bias, Discrimination, Female, Feminism, Gender, Gender Discrimination, Gender Equality, Gender Minorities, Gender Segregated, Maternity, Motherhood, Mothers, Pregnancy, Sexism, Sexual Harassment, Women.

10 Um comentário da subseção J16 especifica: "Studies in feminist economics were invariably classified here and/or under other subject categories until 2006 when B54 was created." ["Os estudos em economia feminista foram invariavelmente classificados aqui e/ou sob outras categorias de assuntos até 2006, quando o código B54 foi criado."]

11 Gary Becker (1930-2014), economista estadunidense. Recebeu o prêmio Nobel de Economia em 1992.

12 Milton Friedman (1912-2006), economista estadunidense. Recebeu o prêmio Nobel de Economia em 1976.

questão social (casamento, sexo, direitos reprodutivos, criminalidade etc.).

A pesquisa em economia não pode ser limitada por uma acumulação unidirecional de conhecimentos, pois ela produz uma pluralidade de análises marcadas com o selo das diferentes escolas de pensamento. Esses saberes são fruto de questionamentos que se inserem em um contexto histórico e político.[13] A ciência econômica foi criada por homens para servir a uma sociedade dirigida por homens. Hoje em dia, ainda é uma das ciências com a menor presença feminina. O viés masculino por muito tempo foi oculto pela adesão consensual a uma ordem sexuada. Os postulados essencialistas foram alçados à categoria de axiomas científicos, pois, durante muito tempo, ninguém, ou quase ninguém, os contestou. Esses julgamentos de valor permitiram justificar a divisão sexual do trabalho e as desigualdades entre os sexos. Considerando o mercado como a única instituição que permite o intercâmbio e a produção, os economistas concederam pouco espaço à dimensão não mercadológica das nossas sociedades, ou somente por meio dos insucessos do mercado (por exemplo, as externalidades positivas produzidas pela educação levam a que esta seja considerada um bem público). De fato, o mercado desempenha um papel importante na conquista social desde que haja uma regulação que garanta seu status de bem público e que impeça qualquer reapropriação privada (fraude, monopólio, conflitos de interesses, corrupção e retenção de informação).[14] A emancipação das mulheres passa pela independência econômica e, portanto, pela sua participação no mercado de trabalho. No entanto, essa participação é condicionada ao funcionamento da família, o que não acontece com os homens. Os economistas omitiram o papel do trabalho familiar e doméstico realizado pelas mulheres e negaram o peso das relações de gênero na organização do trabalho.

---

13 Por exemplo, no contexto da Guerra Fria, o medo do comunismo e do planejamento foram motores do neoliberalismo de Milton Friedman e ainda do liberalismo radical de Friedrich von Hayek.

14 Florence Fontaine, *Le Marché, Histoire et usages d'une conquête sociale*, Paris: Gallimard, 2014.

A crítica feminista evidenciou as hipóteses fundamentadas na naturalização das relações mulheres-homens, bem como os diferentes pontos cegos da economia[15] (capítulo 3). A pouca representação das mulheres na área explica em parte a cegueira e as tendências essencialistas, pois a experiência social dos homens difere da das mulheres por causa da divisão sexual do trabalho, da dominação masculina e das normas de gênero enraizadas na nossa história. Nem todas as mulheres são feministas, mas a maioria das feministas são mulheres (o que não impede que os homens o sejam). Na história do pensamento, alguns homens como John Stuart Mill,[16] pelo lado dos liberais, e Friedrich Engels,[17] pelos socialistas, ou ainda Thorstein Veblen, representando os institucionalistas, denunciaram as desigualdades entre os sexos. Porém, foram sobretudo as mulheres que dedicaram especial atenção às condições de vida das próprias mulheres, como Julie-Victoire Daubié[18] ou Clémence Royer[19] na França ou, ainda, Harriet Taylor[20] e Millicent Fawcett[21] no Reino Unido (capítulo 4). Foi também uma mulher, Margaret Reid,[22] que abriu o campo da análise econômica do trabalho doméstico. Na França, a valorização monetária do trabalho doméstico se deu pela primeira vez por iniciativa de duas mulheres economistas do Instituto Nacional de Estatística e Estudos Econômi-

---

15 Susan Himmelweit, "Feminist Economics", in: Liliann Fischer, Joe Hasell, J. Christopher Proctor. David Uwakwe, Zach Ward-Perkins e Catriona Watson (orgs.), *Rethinking Economics. An Introduction to Pluralist Economics*, Londres/Nova York: Routledge, 2018.

16 John Stuart Mill (1806-1873), filósofo e economista britânico. Foi companheiro de Harriet Taylor.

17 Friedrich Engels (1820-1895), economista e pensador alemão.

18 Julie-Victoire Daubié (1824-1874), economista e pensadora francesa.

19 Clémence Royer (1830-1902), cientista e economista.

20 Harriet Taylor (1807-1858), filósofa e economista.

21 Millicent Fawcett (1847-1929), ativista feminista e economista.

22 Margaret Gilpin Reid (1896-1991), economista.

cos (INSEE, na sigla em francês) em 1981.[23] A quantificação acabou sendo objeto de uma pesquisa levada a sério por economistas em nível macroeconômico.[24] Reconhecer que os economistas também são submetidos às influências sociais, culturais e políticas não reduz a objetividade dessa ciência social.[25] É melhor dar provas de transparência ao invés de mascarar as intenções normativas. Não se trata de contrapor um relativismo estéril e perigoso como única resposta a uma pesquisa que se diz neutra e objetiva, mas propor outro caminho, assumindo o diálogo científico que deriva das divergências. Ao diversificar as abordagens na comunidade científica, é possível incrementar a visibilidade dos pressupostos e reduzir a influência ilegítima de vieses específicos sem que isso seja resultado da imparcialidade definida como ausência de conteúdo normativo.[26] Trata-se de uma objetividade forte, isto é, garantida pela pluralidade das posições dos pesquisadores.[27] Longe de alterar a dimensão científica da economia, a economia feminista reforça o seu rigor, pois alarga o campo das controvérsias e reduz a influência do viés sexista e essencialista.[28]

Em troca, a economia traz um conjunto de conhecimentos úteis ao feminismo. Em particular, a economia empírica avalia a amplidão

---

23 Ann Chadeau e Annie Fouquet, "Peut-on mesurer le travail domestique?", *Economie et statistique*, n° 136, p. 29-42, 1981.

24 Annie Fouquet, "Le travail domestique: du travail invisible au 'gisement' d'emplois", in: Jacqueline Laufer, Catherine Marry e Margaret Maruani (org.) *Masculin – Féminin: questions pour les sciences de l'homme*, Paris: PUF, p. 99-127, 2001.

25 Sandra Harding, "After Objectivism versus Relativism", in Drucilla K. Barker e Edith Kuiper (orgs.) *Toward a Feminist Philosophy of Economics*, Londres/Nova York: Routledge, p. 122-133, 2003.

26 Marc-Kevin Daoust, "Neutralité scientifique", versão acadêmica in: Maxime Kristanek (org.). *L'Encyclopédie philosophique*, 2018. Disponível em: http://encyclo-philo.fr/neutralite-scientifique-a/. Acesso em janeiro de 2023

27 Sandra Harding, "Can Feminist Thought Make Economics More Objective?", *Feminist Economics*, 1 (1), p. 7-32, 1995.

28 Marianne A. Ferber e Julie A. Nelson, "Introduction: The Social Construction of the Economics and the Social Construction of Gender", in: *Beyond Economic Man. Feminist Theory and Economics*, Chicago: University of Chicago Press, p. 1-22, 2003.

das desigualdades e discriminações (capítulo 5). Mas a medida rigorosa desses fenômenos, por mais necessária que seja, deve estar acompanhada de uma reflexão sobre o lugar que concedemos aos princípios de justiça social. Essa exigência passa pela pertinência das questões colocadas e pela possibilidade de generalizar as respostas fornecidas. Desde os anos 2000, alguns estudos empíricos buscam quantificar o custo das discriminações ou o ganho em eficácia que poderíamos obter de uma redução das desigualdades entre os sexos. Essa abordagem não exclui a igualdade do seu campo mas a torna um instrumento a serviço do funcionamento do mercado. Enquanto a perspectiva neoliberal neoclássica afirmava que a concorrência acabaria com a discriminação (e, portanto, consequentemente, que a desigualdade em um meio competitivo não poderia ser assimilada à discriminação), o novo pensamento do neoliberalismo afirma que o fim da discriminação aumenta a eficiência do livre-mercado. A igualdade e a luta contra a discriminação são agora percebidas como um meio de reforçar a concorrência e não como um fim em si (capítulo 6).

Ao se afirmarem feministas, economistas postulam o princípio de igualdade no lugar de pressupostos dissimulados. Todos os membros da comunidade dos economistas são, portanto, convidados a se perguntar sobre seus princípios, pois é impossível não ter nenhum. O encontro heurístico entre economia e feminismo não apenas produz um novo ramo da economia, como também questiona a capacidade da área em trazer soluções pertinentes para lutar contra as desigualdades e as discriminações. Assim como a economia não se confunde com a escola neoclássica, a economia feminista não se resume a uma abordagem heterodoxa construída em oposição a esse paradigma ou a uma crítica ao capitalismo, mesmo que seja dessa maneira que ela costume ser apresentada.[29] Em compensação, ela não pode conciliar com uma perspectiva neoliberal, cujos princípios de justiça subjacentes não são

---
[29] Ver, por exemplo, Giandomenica Becchio, *A History of Feminist and Gender Economics*, Londres/Nova York: Routledge, 2019.

compatíveis com os do feminismo: em um caso, a igualdade é ilusória ou instrumental; em outro, é um imperativo de justiça.

Se, de fato, desejamos a igualdade dos sexos, a economia fornece uma base teórica e empírica para avaliar o tamanho do caminho que falta percorrer para construir uma economia política feminista. A metamorfose do patriarcado permanece inacabada em muitos países, transformando o modelo de Senhor Ganha-pão em Senhora Ganha--migalhas, no qual as desigualdades não mais se reduzem. O desafio é, portanto, propor uma articulação entre o Estado de bem-estar social, o mercado e a sociedade civil, portadora de emancipação e igualdade.

PARTE UM

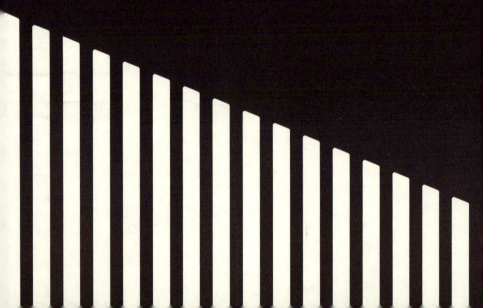

A ECONOMISTA, A FEMINISTA E A CIDADE

Capítulo 1

A ECONOMIA E SEUS EXCESSOS

No início do século XXI, a *expertise* econômica está envolvida por uma aura inigualável. No entanto, o papel dos economistas está sujeito a controvérsia: por ouvir atentamente o que dizem sobre a condução das políticas públicas, a sociedade os acusam na primeira crise que aparece. A sua incapacidade em prever os sobressaltos do capitalismo e as desavenças que insuflam a profissão levam o grande público duvidar da sua utilidade. A frieza das análises estatísticas e a complexidade dos modelos teóricos provocam a suspeita que a economia se interessa apenas por números e equações de maneira desumanizada e cínica. Ao contrário dessa ideia preconcebida, não é a formalização e a quantificação que estão em jogo. Os matemáticos oferecem uma linguagem lógica que traz respostas à pergunta "por quê?". Essa linguagem não é a única possível, mas rejeitá-la por completo não teria sentido. A prova dos fatos oferece uma contrapartida empírica que permite responder à pergunta "quanto?".[1] Durante muito tempo, os economistas se contentaram com uma abordagem teórica formalizada por razões práticas (por falta de dados disponíveis e meios para tratá-los),[2] mas, também, por razões de ordem epistemológica (os matemáticos pareciam mais científicos). Hoje em dia, o prestígio dos estudos aplicados é crescente,

---

[1] Ver Deirdre McCloskey, *Les Pechés secrets de la science économique*, Genebra: Markus Haller, [2002] 2017.

[2] Em 1871, William Stanley Jevons escreveu que a ausência de verificação empírica constituía o único obstáculo para que a economia se tornasse uma ciência exata: "I know not when we shall have a perfect system of statistics, but the want of it is the only insuperable obstacles in the way of making Economics an exact science." ["Eu não sei quando devemos ter um sistema estatístico perfeito, mas essa falta é o único obstáculo insuperável na transformação da Economia numa ciência exata."] William Stanley Jevons, *The Theory of Political Economy*, Londres/Nova York: Macmillan, p. 12, [1871] 1888.

mesmo sem nenhum conteúdo teórico (veja, por exemplo, a importância adquirida pela economia comportamental).[3] A oposição entre o teórico e o empírico é um defeito específico dos economistas, que foi reforçado pelo predomínio de um quadro teórico ou um método empírico acima dos outros.

Para que servem os economistas? Seriam eles simples especialistas que facilitam as decisões políticas, quantificando os custos e os benefícios de uma dada escolha? Ou um grupo interessado pela vida da cidade, capaz de avaliar as evoluções desejáveis? As várias possibilidades revelam tensões entre a imparcialidade exigida por uma postura científica e as considerações normativas inerentes à pesquisa. As primeiras seriam da competência do método científico, em uma perspectiva positiva (descrever o que é e prever o que será), sendo que as segundas seriam do campo da filosofia moral (o que deve ser, o que é desejável). Liberada das questões de justiça, a teoria econômica poderia indicar os comportamentos fora de qualquer contexto social, histórico e político. No entanto, a distinção positiva/normativa não justifica que os economistas renunciem às reflexões éticas (o que é bom) e de justiça (o que é legítimo). Os pressupostos relativos à articulação entre liberdades econômicas, liberdades políticas e igualdade moldam, não apenas as perguntas, mas também as ferramentas que permitem respondê-las. Ora, essas reflexões são guiadas pela participação cidadã à qual são acrescentados os valores políticos e éticos dos pesquisadores.[4] Em especial, as estruturas conceituais clássicas não foram pensadas para responder à questão feminista, pois os economistas que as conceberam consideravam as desigualdades entre os sexos natural e desejável, uma vez que garantiam uma ordem social e política, a do patriarcado, e uma

---

3 Roger E. Backhouse e Béatrice Cherrier, "The Age of the Applied Economist: The Transformation of Economics since 1970s", in: *History of Political Economy*, vol. 49, Durham/Londres: Duke University Press, p. 1-33, 2017.

4 O que Joan Violet Robinson (1903-1983, economista britânica) chama de *metaphysical propositions*. Joan Robinson, *Economic Philosophy*, Londres/Nova York: Routledge, p. 21, 2017 [1962]. [Ed. bras.: *Filosofia econômica*, São Paulo: Unesp, 2022].

ordem econômica, a de uma economia de mercado fundamentada na divisão sexual do trabalho.

A economia não é uma ciência sombria

Às vezes a economia é qualificada como uma ciência sombria porque nos confronta a dilemas e problemas: escassez de recursos, crises, recessões, desemprego. Alguns assim a qualificam para denunciar o predomínio do paradigma neoclássico que coloca as forças do mercado e a busca pelo interesse individual no centro da análise econômica e, portanto, diminui a importância do bem comum.[5] Quando Thomas Carlyle[6] sugeriu a expressão *dismal science* em um texto publicado em 1849,[7] para ele, não se tratava de considerar a economia uma ciência que estuda as desgraças do mundo e, menos ainda, denunciar o uso de uma racionalidade egoísta e fora da realidade. Carlyle tentou demonstrar por que a extinção da escravidão não era favorável à condição da população negra. Uma vez libertos, os negros, que, segundo ele, dispunham de menos aptidões que os brancos, permaneceriam sob o jugo de uma opressão: a opressão do mercado. Assim, continuariam sob o domínio dos brancos e expostos a uma precariedade ainda maior do que a infligida pela condição de escravizados.[8] Carlyle acreditava que o que resultava da natureza, ou da vontade de Deus, se impunha aos seres humanos e que era inútil combater a ordem das coisas. Para ele, a economia era a ciência que trouxera à tona a lei universal que caracte-

---

5 Stephen A. Marglin, *The Dismal Science. How Thinking Like an Economist Undermines Community*, Cambridge (Massachusetts): Harvard University Press, 2017.

6 Thomas Carlyle (1795-1881), escritor e jornalista britânico.

7 Thomas Carlyle, "Occasional Discourse on the Negro Question", *Fraser's Magazine for Town and Country*, n°. 40, dez. 1849.

8 Para mais detalhes sobre a importância da questão racial nos fundamentos da disciplina no século XIX, ver, sobretudo, David M. Levy, "How the Dismal Science Got its Name: Debating Racial Quackery", *Journal of the History of Economic Thought*, vol. 23, n°. 1, p. 5-35, 2001.

rizava o mercado, a da oferta e procura.⁹ Ele a qualifica de sombria porque conduz a uma situação que ele deplora, mas contra a qual nada se podia fazer: a da submissão de uma parte da humanidade por outra. O pensador liberal John Stuart Mill se opôs a essa visão em uma resposta publicada em 1850.¹⁰ Nela, denuncia o postulado de uma ordem natural racializada. Não é a lei da oferta e da procura que está em discussão e sim o racismo, amplamente compartilhado na época. Nada daquilo era divino, e é dever dos seres humanos resistir à tirania e à injustiça.¹¹ Com o mesmo intuito, Mill denuncia uma visão sexista e essencialista da humanidade, também dominante no século XIX.¹² As leis e os costumes que proibiam as mulheres de se instruir, de votar, ou de ter acesso a um trabalho remunerado eram justificados em nome das diferenças biológicas entre mulheres e homens. Mill ataca os oponentes aos direitos das mulheres expondo o argumento liberal: se as mulheres têm menos capacidades intelectuais e físicas do que os homens, então de nada adianta legislar para impedi-las de se instruírem. Se são naturalmente feitas para se consagrar ao lar, então não é necessário obrigá-las a se dedicar à vida doméstica, ou privá-las dos mesmos direitos dos homens encerrando-as na estrutura do casamento. Na Inglaterra vitoriana, essa instituição era um verdadeiro espartilho social, político e econômico para as mulheres. A diferença de sexos não pode legitimar a dominação masculina. Mill aposta que as liberdades individuais darão

---

9 "The social science wich finds the secret of this universe in supply-and-demand... a dreary, desolate and indeed quite abject and distressing one what might call, by way of eminence, the dismal science." ["A ciência social que enxerga o segredo deste universo é a da oferta e demanda... uma ciência triste, desolada, muito abjeta e angustiante à qual pode ser dado o título de ciência sombria."] Thomas Carlyle, op. cit., p. 672.

10 John Stuart Mill, "The Negro Question", *Fraser's Magazine for Town and Country*, n° XLI, p. 29, 1850.

11 "Omnipotent these 'gods' are not, for powers which demand human tyranny and injustice cannot accomplish their purpose unless human beings cooperate." ["Onipotentes esses 'deuses' não são, pois o poder que demanda tirania e injustiça humanas não é capaz de atingir seus objetivos sem a cooperação dos seres humanos."] Ibid., p. 25.

12 John Stuart Mill, *The Subjection of Women*, Londres: Longmans, Green, Reader & Dyer, 1869.

um fim à submissão das mulheres e levarão à igualdade.[13] O liberalismo de Mill se insere na linhagem do utilitarismo de Jeremy Bentham,[14] embora aos poucos se afaste dela, pois seu pensamento era complexo e evolutivo (Mill foi mais socialista do que liberal nos seus últimos escritos). Essa filosofia prega a doutrina da maior felicidade para o maior número de pessoas e se apoia em uma teoria da ação humana, cuja liberdade é pré-requisito: o indivíduo é o melhor juiz dos seus interesses. Partindo do pressuposto de que cada pessoa tem condições de avaliar os desgostos e os prazeres que uma ação proporciona, faz sentido deixá-la livre para fazer escolhas, pois todas têm a mesma capacidade para a felicidade. Em Bentham, a busca do prazer se estende às liberdades sexuais: portanto, ele defende a descriminalização da homossexualidade[15] e, também, a contracepção, encorajando relações sexuais sem preocupação de procriação, e o direito ao divórcio. O utilitarismo é mais um "liberalismo de felicidade" do que um "liberalismo da liberdade".[16] O primeiro integra uma perspectiva igualitarista, pois se trata de satisfazer as necessidades de todos ou do maior número de pessoas; já o segundo considera a igualdade como uma igualdade formal dos direitos, que não leva em conta a desigualdade econômica e social. O utilitarismo de Bentham não se resume a um individualismo, pois, *in fine*, se trata de maximizar o bem-estar da comunidade, que corresponde à soma dos interesses dos indivíduos que a compõem, e é como membro dessa comunidade que cada pessoa vai atrás dos seus interesses,

---

13 "Until conditions of equality exist, no one can possibly asses the natural differences between women and men, distorted as they have been. What is natural to the two sexes can only be found out by allowing both to develop and use their faculties freely." ["Até que existam condições de igualdade, ninguém pode avaliar as diferenças naturais entre mulheres e homens, as quais têm disso muito distorcidas. O que é natural aos dois sexos somente pode ser encontrado ao se permitir que ambos desenvolvam e usem suas capacidades de forma livre."] Idem.

14 Jeremy Bentham (1748-1832), filósofo britânico.

15 Bentham trata, sobretudo, da homossexualidade masculina porque, segundo ele, a lesbianidade era, na maioria das vezes, impune e ignorado pela lei. Jeremy Bentham, *Défense de la liberté sexuelle. Écrits sur l'homossexualité*, Paris: Mille et Une Nuits, 2004 (coletânea de textos inéditos escritos entre 1814 e 1818).

16 Catherine Audard, *Qu'es-ce que le libéralisme? Éthique, politique et société*, Paris: Gallimard, p. 150, 2009.

não isoladamente. Os interesses individuais devem ser organizados por instituições adequadas para levar à maximização do bem-estar coletivo.[17] As decisões individuais são harmonizadas por meios políticos para levar em consideração interesses divergentes. Bentham imagina um sistema de governo dos indivíduos que associa legislação direta (as leis) e legislação indireta, que age sobre os desejos pelo controle social (o que se parece com os *nudges*,[18] atualmente em moda).[19] A teoria da ação humana de Bentham interessou especialmente os economistas do século XIX, pois ela supunha a possibilidade de quantificar desgostos e prazeres. Essa mecânica das decisões individuais constituiu a base teórica da economia. No entanto, se para Bentham convinha agenciar as decisões individuais por intermédio de um governo constituído, os economistas liberais do século XIX se voltaram para uma harmonização natural dos interesses individuais, ou seja, sem a intervenção do Estado. Essa abordagem associava a eficácia do mercado, entendida como resultante da lei da oferta e da procura, à do progresso social. Ela abriu o caminho para a idade de ouro do *laissez-faire* no século XIX. Em 1851, Frédéric Bastiat[20] se dispôs a mostrar a harmonia de:

> [...] essas leis providenciais [que levam à] aproximação indefinida de todas as classes em direção a um nível que se eleva sem cessar; em outras palavras ao igualitarismo dos indivíduos na melhoria geral.[21]

---

17 Christian Laval, "Jeremy Bentham et le gouvernement des intérêts", *Revue du MAUSS* (homenagem ao famoso antropólogo Marcel Mauss), n. 27, p. 289-306, 2006.

18 Essa noção [teoria do incentivo, do empurrão], desenvolvida por especialistas da economia e da psicologia comportamental no fim dos anos 2000, designa as técnicas que consistem em incitar as pessoas a mudar seu comportamento para adotar outros mais virtuosos (no plano ecológico, cívico etc.), sem obrigá-los a isso, sem o conhecimento deles. Consultar, por exemplo, Richard H. Thaler e Cass R. Sunstein, *Nudge Improving Decisions About Health, Wealth and Happiness*, New Haven: Yale University Press, 2008.

19 Anne Brunon-Ernst, "Le gouvernement des normes. Jeremy Bentham et les instruments de régulation post-moderne", *Archives de philosophie*, v. 78, n. 2, p. 309-322, 2015.

20 Frédéric Bastiat (1801-1850), economista francês.

21 Frédéric Bastiat, *Harmonies économiques*, Paris: Guillaumin, p. 115, 1851.

A lei da oferta e da procura repousa na ideia que a busca sem entrave dos interesses particulares leva ao interesse geral sem que nenhuma outra forma de arranjo entre os interesses divergentes seja necessária; essa lei, percebida como natural, concilia assim o egoísmo do homem e o igualitarismo. Essa visão idealizada do liberalismo econômico está associada a uma ética, a ética de um mundo no qual o livre funcionamento do mercado leva a um elevado bem-estar coletivo.

É inegável constatar que o liberalismo e o livre-mercado não cumpriram todas as suas promessas: apesar dos grandes avanços no plano dos direitos, as desigualdades sociais permanecem. Karl Marx havia apontado essa desilusão ao mostrar que a concorrência entre os trabalhadores no mercado era fonte de barbárie no seio de um mundo civilizado. Como Carlyle, ele via com nitidez que as leis do mercado não podiam igualar as condições de vida, mas, inversamente, não explicava o fracasso do liberalismo por racismo, e sim pelo fato de que a concorrência beneficia sempre os capitalistas. Ela reduz o salário dos trabalhadores que sobram no mercado de trabalho. Apesar da extinção da escravidão e da igualdade de direitos conquistadas com muita luta, as desigualdades raciais e a discriminação persistem até hoje, assim como as desigualdades entre os sexos, inclusive nos países onde os direitos das mulheres são garantidos. Quer se trate da educação, do mercado de trabalho, das responsabilidades, da representação política, da esfera acadêmica, do reconhecimento artístico, do esporte, entre outros campos, a igualdade dos direitos não levou à efetivação da igualdade. O status econômico e social de um indivíduo ainda é amplamente determinado pelo sexo e pela categoria racializada à qual pertence ou se supõe que pertença. A não ser que se recorra a argumentos biologizantes semelhantes aos de Carlyle, é preciso se voltar para o aspecto das normas sociais para explicar essa persistência e compreender a defasagem entre as expectativas e os resultados em matéria de igualdade. Acontece que a abordagem utilitarista diminui o fato de que a estrutura social produz injustiças econômicas e políticas.[22] A promoção das liberdades individuais, certamente, é uma condição necessária para a igualdade – a situação das mulheres e das minorias étnicas melhorou incontestavelmente com o desmantelamento das leis racistas e sexistas nos países democráticos –, mas não é suficiente para pôr em prática o princípio de igualdade. As desigualdades e as discriminações estão enraizadas nas relações de poder e opressões que não se dissolvem com as liberdades individuais. Portanto, é possível afirmar que não se trata de uma economia sombria, mas de preconceitos sexistas e racistas que classificam os indivíduos e naturalizam as diferentes aptidões e crenças em mecanismos imutáveis e a-históricos, os da oferta e da procura que repousam no egoísmo dos indivíduos.

A ciência das penas e dos prazeres

Os primeiros economistas se questionaram sobre como melhorar as condições de vida da humanidade. Para isso, associaram a filosofia moral[23] e a teoria da ação humana fundamentada no egoísmo.[24] O mercado é um lugar de troca de bens que permite o enriquecimento dos indivíduos. O valor de um bem depende da quantidade de trabalho necessário para produzi-lo no âmbito de uma troca mercantil. Essa definição exclui em diversos graus o valor do trabalho necessário para a reprodução da força de trabalho e, portanto, diminui a importância do trabalho doméstico e familiar das mulheres, já que não é fruto de uma troca mercantil. Assim, desde o início, os economistas omitiram uma dimensão da produção de riqueza, sem a qual nada seria possível (capítulo 3).

---

22 Catherine Audard, *La Démocratie et la Raison. Actualité de John Rawls*, Paris: Grasset, 2019.

23 Adam Smith (1723-1790, filósofo e economista escocês), *The Theory of Moral Sentiments*, 1759. [Ed. bras.: Teoria dos sentimentos morais, São Paulo: WMF Martins Fontes, 2015].

24 Adam Smith, *An Inquiry into the Nature and Causes of the Wealth of Nations*, 1776 [Ed. bras.: *A riqueza das nações: uma investigação sobre a natureza e as causas da riqueza das nações*, São Paulo: Madras, 2009].

No fim do século XIX, os economistas buscaram explicar a contribuição da área. A economia, então, passou por uma dupla ruptura. A primeira faceta foi de natureza epistemológica. Assim como seus antecessores, os economistas partiram da ideia de que a natureza submete os humanos a desejos e necessidades que eles buscam satisfazer, mas, de maneira contrária, esses economistas dissociaram a questão da justiça relativa ligada à distribuição das riquezas e da questão moral relacionada aos comportamentos julgados desejáveis da satisfação das necessidades individuais fundamentadas no egoísmo. Para especificar o objeto de estudo e adotar uma linguagem comum, eles se concentraram nessa última questão julgada mais simples e facilmente quantificável pelos matemáticos. Não minimizaram a importância das duas primeiras, mas consideraram que era preferível tratá-las separadamente. Léon Walras[25] publicou, portanto, três obras que constituem uma doutrina que articula o liberalismo, em especial, a concorrência pura e perfeita que maximiza a produção e o socialismo que visa redistribuir essa riqueza. A economia pura[26] levou a um modelo matemático do equilíbrio geral que mostrou a existência de um sistema preços segundo o qual todos os mercados em competição encontram-se em equilíbrio. A economia aplicada[27] se apoiava nesses princípios para implementar uma política econômica, o que Walras chamou de *gestão das coisas*.[28] Por fim, a economia social[29] se interessou pelas questões de justiça e redistribuição das riquezas.[30] Para Walras, o conjunto deve ser compreendido como um todo. Desse pon-

---

25 Léon Walras (1834-1910), economista e matemático francês.

26 Léon Walras, *Éléments d'économie pure* ou *Théorie de la richesse sociale*, 1874.

27 Léon Walras, Études d'économie politique appliquée. Théorie de la production de la richesse sociale, 1898.

28 Jérôme Lallement, "Individu et société selon Walras", *Revue de philosophie économique*, v. 18, n. 1, p. 57-89, 2017.

29 Léon Walras, Études d'économie sociale. *Théorie de la répartition de la richesse sociale*, 1896.

30 "Eu chamo de economia social, como J.S. Mill, a parte da ciência da riqueza social que trata da repartição dessa riqueza entre os indivíduos e o Estado e que recorre ao princípio da justiça", Léon Walras, *Autobiographie*, publicado novamente em *L'Économie politique*, v. 51, n. 3, p. 50-69, 2011.

to de vista, sua abordagem se aproxima dos clássicos. William Stanley Jevons[31] vai um pouco mais adiante, pois limita o campo da economia ao que ele considera como o primeiro nível da ação humana, a saber, o desejo de satisfazer nossas necessidades básicas individuais.[32] O estudo de sentimentos morais mais elevados trata do bem-estar da humanidade e, como tal, remete à filosofia moral e não à economia.

Outra faceta dessa ruptura é de ordem teórica. Uma vez que o campo da economia esteja reduzido ao estudo da satisfação das necessidades e a área passa a se limitar à análise da mecânica das decisões fundamentadas na utilidade e no interesse individual. Como a teoria da utilidade já é um componente do pensamento econômico, a novidade consiste em afirmar que o incremento do bem-estar não vem de um aumento dos fatores de produção[33] mas de uma melhor utilização dos recursos disponíveis para indivíduos que tenham certas preferências. Trata-se, portanto, de construir uma teoria econômica inteiramente dedicada ao cálculo das penas e dos prazeres do consumidor-trabalhador, na qual a lei da oferta e da procura se impõe como mecanismo para articular a multiplicidade de decisões individuais. Trabalhamos, penosamente, porque recebemos uma renda que nos permite consumir para satisfazer nossas necessidades e desejos.[34] Essa teoria do consumidor repousa em um raciocínio marginal: eu ajo racionalmente, comparando o que me custou a última unidade consumida em relação à satisfação que ela me dá. A utilidade que eu

---

31 William Stanley Jevons (1834-1882), economista britânico.

32 "The calculus of utility aims at supplying the ordinary wants of man at the least cost of labour." ["O cálculo da utilidade visa a suprir as necessidades básicas do homem com o mínimo custo de mão de obra."] William Stanley Jevons, *The Theory of Political Economy*, p. 27, 1871.

33 Os primeiros economistas buscavam melhorar as condições de vida da humanidade em luta com a natureza, articulando o capital e o trabalho. O fator trabalho é um recurso extensível pelo crescimento da população, por uma melhor organização do trabalho e pela utilização de máquinas que permitam aumentar a sua produtividade.

34 "We labour to produce with the sole object of consuming, and the kinds and amounts of goods produced must be determined with regard to what we want to consume." ["Trabalhamos para produzir com o único objetivo de consumir, e os tipos e quantidades de bens produzidos devem ser determinados levando-se em conta aquilo que queremos consumir."] Ibid. p. 39

tiro de cada nova unidade consumida se revela sempre mais fraca do que a anterior.[35] Essa reviravolta da economia, classificada como uma revolução marginalista, é facilitada pela propagação de técnicas matemáticas, em especial a do cálculo diferencial e integral. O valor de um bem é definido pela sua utilidade e não mais apenas pelo trabalho necessário para produzi-lo: quando todos os mercados estão em equilíbrio, o valor de troca (em um ambiente de concorrência pura e perfeita) coincide com o valor de uso (o das preferências dos consumidores) e o custo de produção (o valor do trabalho necessário para produzir esse bem). Esse panorama teórico não leva em conta o trabalho doméstico e familiar, pois ele não é realizado em um mercado, portanto, é excluído do equilíbrio geral walrasiano.

Os fundamentos da microeconomia moderna estão apresentados: os indivíduos decidem a alocação de seus recursos, necessariamente limitados, maximizando a utilidade deles. Dessas escolhas individuais informadas decorre uma certa configuração da repartição das riquezas. Sendo assim, como avaliar as diferentes configurações possíveis? Para isso, seria preciso quantificar e comparar o nível de bem-estar de cada pessoa à maneira de Bentham (falamos de utilidade cardinal), mas isso não é possível devido à subjetividade do bem-estar e do sentir próprio de cada um. Consciente dessa questão, Vilfredo Pareto[36] só considerou o nível relativo desse bem-estar (utilidade ordinal) sem levar em conta os níveis absolutos. Ele propôs um critério de eficácia para julgar a divisão das riquezas, fundamentado na satisfação individual: uma situação é eficaz quando é impossível melhorar a utilidade (entendida como satisfação) de uma pessoa sem diminuir a de outra.[37] O critério chamado

---

35 A utilidade marginal é decrescente.

36 Vilfredo Pareto (1848-1923), economista italiano. Ele sucedeu Léon Walras na Universidade de Lausanne, na Suíça.

37 Vilfredo Pareto distingue a utilidade do que ele chama de ofelimidade, que se aproxima da satisfação e que "exprime a relação de conveniência pela qual uma coisa satisfaz uma necessidade ou um desejo, legítimo ou não". *Cours d'économie politique*, 1896.

de "eficiência de Pareto" (ou "Ótimo de Pareto") avalia uma situação em relação a uma posição de origem, seja ela qual for. Por exemplo, se Pedro detém todas as riquezas e Inês não possui nenhuma, não seria eficaz tomar uma parte da riqueza de Pedro e dá-la a Inês, pois, ao fazer isso, a satisfação de Inês aumenta, mas a de Pedro é reduzida. Certamente, é sempre desejável atingir um Ótimo, mas todos os Ótimos não se equivalem. Então, como escolher? Esse critério não tem a pretensão de resolver as questões de redistribuição ou de conflito na repartição dos recursos. Ele separa a espinhosa justiça redistributiva da eficácia.[38] É possível que Pedro não deseje ver Inês em uma situação de total penúria e sinta certa satisfação na redistribuição das riquezas. Também é possível que Inês recuse essa situação e se revolte para tomar uma parte da riqueza que lhe foi recusada. Um ramo da economia, a economia do bem-estar, desenvolveu-se para tentar reconciliar a questão da eficácia e da equidade: ao corrigir as desigualdades iniciais por políticas públicas adaptadas, o livre-mercado poderia resultar uma situação eficiente e igualitária.[39] Mas a questão dos critérios que permite avaliar o caráter equitativo ou justo de uma situação continua em aberto. A passagem da economia clássica para a economia dita "neoclássica" está repleta de consequências, pois os neoclássicos deixam de questionar explicitamente a ética e a justiça. Das três obras de Walras, somente a que fala sobre a economia pura permanece sendo discutida, as duas outras caíram no esquecimento.

O paradigma neoclássico se concentra nas trocas mercantis regidas pela lei da oferta e da procura, que se ajustam pelo preço e pelo

---

38 Amartya Sen, *Éthique et économie (et autres essais)*, trad. do inglês para o francês por Sophie Marnat, Paris: PUF, 1993 [1987], p. 47. [Ed. bras.: Sobre ética e economia, São Paulo: Companhia da Letras, 1999]. Amartya Sen (1933-) economista, escritor, professor e pesquisador indiano. Leciona economia e filosofia na universidade de Harvard, recebeu o prêmio Nobel de Economia em 1998.

39 Uma vez que o livre-mercado permite atingir qualquer Ótimo a partir de uma certa repartição inicial dos recursos entre os indivíduos (primeiro teorema da economia do bem-estar), então o Estado sempre pode modificar essa repartição, limitando as distorções para atingir um equilíbrio justo (segundo teorema da economia do bem-estar).

egoísmo individual. Este último é reformulado em um conceito mais amplo, o da racionalidade, encarnado pela figura do *homo œconomicus*, um indivíduo racional que, tal como Robinson Crusoé em sua ilha, se encontra isolado, a-histórico, fora de qualquer contexto social e compreende todos os estados do mundo possíveis e as consequências dessas escolhas. Portanto, esse indivíduo é supostamente livre e perfeitamente informado, toma suas decisões sem nenhuma influência, sem qualquer viés cognitivo. Sem dúvida, essas hipóteses são irrealistas, porém todo modelo teórico é necessariamente uma simplificação da realidade e não transmite sua integralidade. Esse quadro teórico funciona a partir de uma linguagem lógica coerente e completa que permite dizer se uma proposição é verdadeira ou falsa.[40] Portanto, sua força residiria na capacidade de explicar os fatos e prever as consequências das diferentes ações humanas. Mas esse quadro teórico não evidencia as situações nas quais essa racionalidade poderia não se manifestar (qual seria a racionalidade individual de uma pessoa escravizada, por exemplo?), nem como o contexto político elabora essa racionalidade individual (será que o processo de deliberação democrática modifica a expressão dessa racionalidade?), nem de que modo o contexto social limita o exercício dessa racionalidade (se a injunção social leva as mulheres a se concentrarem na educação dos filhos, torna-se difícil para elas sairem individualmente desse esquema). O quadro teórico ignora a existência das dominações, das opressões e também o papel das normas e convenções sociais. O problema econômico se resume à questão da destinação ótima dos recursos pelos mecanismos da oferta e da procura. As questões de justiça e de ética não são consideradas como questões científicas da alçada do campo da economia. Elas são remetidas à esfera política. Em 1932, Lionel Robbins[41] definiu a economia como:

---

40 Milton Friedman, "The Methodology of Positive Economics", in: *Essays in Positive Economics*, Chicago: University of Chicago Press, p. 3-16, 30-43, [1953] 1966.

41 Lionel Robbins (1898-1984), economista britânico.

"[...] a ciência que estuda o comportamento humano enquanto relação entre fins e meios escassos que têm usos alternativos".[42]

Essa definição, ainda hoje, é a mais corrente e, certamente, a mais ensinada. Ela exclui o ramo marxista que analisa as relações sociais nos processos de produção (em especial entre os trabalhadores e os detentores do capital produtivo), bem como o institucionalismo, que se concentra no papel que as instituições e o meio ambiente desempenham nos comportamentos econômicos. Para resumir, a definição assimila a economia ao paradigma neoclássico associado ao liberalismo econômico. Essa escola de pensamento é qualificada como ortodoxa, uma vez que elimina as controvérsias epistemológicas, reduzindo o perímetro da área ao seu único paradigma.

A resistência a esse domínio do neoclassicismo marginalista se encarna historicamente no institucionalismo.[43] Thornstein Veblen considera que esse movimento marginalista se insere na continuidade da economia política clássica, pois ele retoma uma visão hedonista da ação humana.[44] Veblen denuncia um impasse teórico que ignora os hábitos de pensamento e os costumes que guiam os comportamentos humanos.[45] Para ele, assim como para John Commons, outro economista emblemático do institucionalismo, trata-se de compreender a evolução das regras que regem a atividade econômica tal como as modificações e a persistência dos comportamentos.[46] Ambos rejeitam o postulado

---

42 Lionel Robbins, *An Essay on the Nature and Significance of Economic Science*, Londres: Macmillan, 1932.

43 Essa escola de pensamento, às vezes, é qualificada de institucionalismo das origens para diferenciá-la do neoinstitucionalismo, que introduz o papel das instituições partindo da estrutura neoclássica.

44 Como tal, Veblen qualifica o movimento marginalista como "neoclássico".

45 Thorstein Veblen, "The limitations of Marginal Utility", *Journal of Political Economy*, v. 17, n. 9, p. 620-636, 1909.

46 Laure Bazzoli, *L'Economie politique de John R. Commons. Essai sur l'institutionnalisme en sciences sociales*, Paris: L'Harmattan, 2000.

neoclássico segundo o qual os interesses individuais levam a uma cooperação eficiente, e colocam o papel da ação coletiva, do contexto social e histórico no cerne da análise econômica. Enquanto o âmbito neoclássico focaliza as relações entre os indivíduos e os recursos, o institucionalismo estuda as relações dos indivíduos entre si. A contribuição mais proveitosa consiste em reconhecer que existem instituições alternativas no mercado que permitem a troca.[47] O institucionalismo obriga a economia a dialogar com outras áreas, como o direito (essencial para compreender a estrutura das transações e a evolução das regras que as dirigem, o caráter multidimensional dos direitos de propriedade, entre outros), a sociologia (para compreender o papel do contexto social, das normas que regem nossos comportamentos), e a história (para expor a dinâmica evolutiva das instituições). Essa escola de pensamento volta a questionar o individualismo e a mecânica autorreguladora do mercado pressuposta pela abordagem neoclássica, mas não se ajusta mais à abordagem clássica marxista e sua lógica coletivista. Ela influenciou a condução das políticas sociais dos anos 1930 nos Estados Unidos.[48]

Após a grande recessão dos anos 1930, a oposição mais destacada ao panorama neoclássico foi a de John Maynard Keynes,[49] cujos trabalhos se tornaram paradigmáticos depois da Segunda Guerra Mundial. Esse autor considerou a abordagem neoclássica pouco operacional[50] e denunciou o desvio da filosofia política liberal dos séculos XVII e XVIII que visaria *derrubar os reis e prelados*, em benefício de uma dou-

---

47 Essa abordagem abriu novas vias para a economia, como atestam os trabalhos de Elinor Ostrom (1933-2012) sobre a gestão coletiva dos bens comuns, pelos quais ela obteve o prêmio Nobel de Economia em 2009. Elinor Ostrom, *Governing the Commons: The Evolution of Institutions for Collective Action*, Cambridge: Cambridge University Press, 1990.

48 Laure Bazzoli, *op. cit.*

49 John Maynard Keynes (1883-1946), economista britânico.

50 "Pode ser que a teoria clássica descreva a maneira pela qual gostaríamos que a nossa economia se comportasse. Mas supor que ela de fato se comporta assim é supor que todas as dificuldades foram resolvidas." John Maynard Keynes, *Teoria geral do emprego, do juro e da moeda*, São Paulo: Saraiva, 2012.

trina de economia política, a do *laissez-faire*.⁵¹ Os mecanismos do mercado não bastam mais para regular o capitalismo; Keynes concebe a intervenção do Estado como um estabilizador do capitalismo, o que somente faz sentido em um contexto democrático. Portanto, segundo ele, as questões econômicas não podem ser pensadas fora do âmbito político. Keynes não adere à definição de economia proposta por Lionel Robbins, pois ele encara a sua área como uma ciência moral que trata de *introspecção* e de *valores*, e não como uma ciência pseudonatural. A influência do paradigma keynesiano foi bem além dos meios universitários, e a condução das políticas econômicas foi moldada segundo os critérios do keynesianismo até os anos 1970. Os Estados de bem-estar social se desenvolveram inspirados em uma perspectiva keynesiana de maneira a manter a renda das famílias e garantir uma redistribuição das riquezas, principalmente pelo emprego. Mas o emprego do homem foi privilegiado, enquanto as mulheres foram encorajadas a permanecer em casa por meio do modelo Senhor Ganha-pão, ao qual será explorado no capítulo 5.

A revanche dos neoliberais

A crise dos anos 1930 constituiu um ponto de ruptura no pensamento liberal, em especial no que diz respeito ao papel do mercado e ao funcionamento do capitalismo. Foram revistos os fundamentos do liberalismo assim como os clássicos e os primeiros neoclássicos. Essa refundação deu origem a múltiplos movimentos.⁵² Os novos liberais tentaram associar economia de mercado e progresso social;

---

51 John Maynard Keynes, "La fin du laissez-faire", in *La Pauvreté dans l'abondance*, Paris: Gallimard, p. 69, [1924] 2002.

52 O colóquio Walter Lippmann organizado em Paris em 1938 foi um marco importante para compreender a fragmentação entre esses diferentes movimentos. Walter Lippmann (1889-1974) escritor e jornalista estadunidense. Autor da tradução em francês do livro *La Cité libre*. Paris: Librairie de Médicis, 1938. Ver, em especial, Serge Audier, *Le Colloque Lippmann. Aux origines du "néo-libéralisme"*, Lormont: Le Bord de l'Eau, 2008.

a questão era saber a execução e o critério. O mercado globalizado passou a ser visto como espaço para o acerto dos conflitos de interesses entre os indivíduos, permitindo obter um compromisso, fruto do encontro entre as ofertas e demandas.[53] Tratava-se de constatar que a economia havia passado a ser, dali em diante, globalizada, que dependia das trocas internacionais e de uma divisão do trabalho internacional. Os indivíduos, enquanto trabalhadores, consumidores e mais globalmente como cidadãos, precisariam se adaptar a esse novo ambiente econômico. A adaptação da sociedade às exigências do mercado globalizado só poderia ser feita por certa forma de governança. A renovação do liberalismo, portanto, não se apoia no recuo da intervenção pública, mas em uma reorientação das políticas públicas (sobretudo relacionado à educação e saúde) a serviço do funcionamento do mercado.[54]

Na continuidade desses debates, economistas se organizaram para se opor ao domínio keynesiano e lutar contra o intervencionismo do Estado, em meio ao contexto da Guerra Fria. Em 1947, a sociedade Mont Pèlerin, criada por iniciativa de Friedrich von Hayek,[55] abriu um espaço de discussão em torno do liberalismo. Esse movimento fundou uma doutrina liberal internacional e constituiu um ponto de enraizamento do neoliberalismo.[56] Não se tratava de construir um paradigma econômico enquanto tal, pois as desavenças epistemológicas entre as diferentes escolas eram intransponíveis. Na

---

53 Francis Urbain Clave, "Walter Lippmann e o neoliberalismo de *La Cité Libre*", *Cahiers d'Economie Politique*, v. 48, n. 1, p. 79-110, 2005.

54 Para mais detalhes sobre as diferenças entre o novo liberalismo de John Dewey (1859-1952) e o de Walter Lippmann, consultar Barbara Stiegler, "*Il faut s'adapter*". *Sur um nouvel impératif politique*, Paris: Gallimard, 2019.

55 Friedrich Hayek recebeu o prêmio Nobel de Economia em 1974, junto de Gunnar Myrdal, que propunha uma análise diametralmente oposta à de Hayek.

56 A complexidade dos debates na refundação do liberalismo explica o caráter polissêmico do neoliberalismo, baseado no espaço, maior ou menor, concedido à questão das desigualdades sociais (as desigualdades entre os sexos não são citadas) e na concepção do papel do mercado como um fim em si ou como uma ferramenta a serviço dos humanos.

verdade, Hayek não pôde se contentar com o sistema neoclássico, pois ele rejeitava a visão arquetípica e irrealista do indivíduo atomista e isolado que nega o papel das instituições. Ele colocava o indivíduo e o seu livre-arbítrio no centro de sua análise, considerando a economia não como uma ciência da natureza, mas uma ciência que se interessa pelas condições do exercício da liberdade.[57] Hayek qualificou a justiça social como uma perigosa ilusão, incompatível com a liberdade individual, uma vez que ela perturbava a ordem espontânea originada na concorrência.[58] A escola austríaca que se inseriu nessa perspectiva foi marginalizada na disciplina, sendo que a escola neoclássica se expandiu e dominou progressivamente a ciência econômica. Renovada por suas reflexões em torno do liberalismo, a escola neoclássica teve seu centro de gravidade na Universidade de Chicago com figuras emblemáticas como Milton Friedman e Gary Becker.

A novidade reside na generalização do *homo œconomicus*: a articulação entre a concorrência e a racionalidade individual se tornou o princípio básico para decifrar o conjunto das relações sociais além das clássicas trocas econômicas. Isso constitui uma ruptura em relação aos primeiros neoclássicos. Enquanto o equilíbrio walrasiano se apoia na concorrência pura e perfeita dos mercados, mas exclui as trocas não mercantis (como a produção doméstica), o quadro conceitual neoclássico renovado mobiliza os princípios da concorrência perfeita para analisar as relações fora do mercado (ou então, o que dá no mesmo, encara todas as relações humanas como uma troca mercantil). Essa linguagem comum é aplicada em em uma ampla lista de fenômenos sociais:[59] a

---

57 É por isso que Catherine Audard qualifica Hayek como *liberal radical*, o que o diferencia dos neoliberais e dos ultraliberais. Catherine Audard, *Qu'est-ce-que le libéralisme? Éthique, politique et société*, op. cit. p. 381.

58 Ibid., p. 349. Thierry Aimar, *Hayek, Du cerveau à l'économie*, Paris: Michalon, 2019.

59 Edward P. Lazear, "Economic Imperialism", *The Quarterly Journal of Economics*, v. 115, n. 1, p. 99-146, 2000.

educação, o casamento e a poligamia, o sexo, o aborto, o racismo, os comportamentos decorrentes de drogadição e, ainda, o crime.[60] Por isso falamos do imperialismo neoclássico. É perfeitamente legítimo que os economistas se interessem por assuntos variados, com risco de invadir o território de outras ciências sociais.[61] Por que as pesquisadoras e os pesquisadores se censurariam em nome de uma compartimentação de áreas? O imperialismo neoclássico não reside na extensão das temáticas abordadas, mas na singularidade do quadro teórico mobilizado para solucionar os diferentes questionamentos. Supor que os indivíduos tomam decisões pesando os prós e os contras não é absurdo, mas fazer disso o único motivo da ação, sem nenhuma consideração pelo contexto no qual o indivíduo exerce sua racionalidade e suas liberdades, é problemático.

Esse novo *homo œconomicus* também se distingue dos primeiros neoclássicos por não buscar satisfazer as necessidades com o consumo de bens. Ele produz sua própria satisfação dedicando seu tempo ao trabalho ou ao lazer. Investe no seu próprio capital humano (cursando alguma faculdade, por exemplo).[62] Ele é seu próprio empresário.[63] Não se trata de entregá-lo ao *laissez-faire*, mas de guiá-lo produzindo modificações em seu meio, estímulos ou incitações aos quais ele responde de maneira sistemática e previsível, conforme o modelo teórico. O imperialismo neoclássico é, portanto, um neoliberalismo[64] no qual

---

60 Para uma crítica da abordagem neoclássica do crime, ver Clotilde Champeyrache, *La Face cachée de l'économie*, Paris: PUF, 2019.

61 Para uma versão divertida desse imperialismo, ver Daniel Hamermesh, *Economics is Everywhere*, Boston: McGraw-Hill, 2004.

62 Gary Becker. "A Theory of the Allocation of Time", *The Economic Journal*, vol. 75, n° 299, p. 493-517, 1965.

63 Ver Michel Foucault "Leçon du 21 mars 1979, in *Naissance de la biopolitique. Cours au Collège de France, 1978-1979*, Paris: EHESS/ Gallimard/ Seuil, p. 231, 2004, [Ed. bras.: Nascimento da Biopolítica, tradução de Eduardo Brandão, São Paulo, Martins Fontes, 2a. ed. 2022].

64 Michel Foucault fala do neoliberalismo estadunidense, Catherine Audard explora mais o ultraliberalismo. Michel Foucault "Leçon du 21 mars 1979", p. 232. Catherine Audard, *op. cit.* p. 339.

o livre-mercado rege as sociedades e o seu bom funcionamento prevalece sobre qualquer outra consideração política. Portanto, convém organizar a concorrência em todos os níveis da sociedade e em todos os campos (será retomado no capítulo 6). Esses pressupostos normativos são mascarados por um contexto analítico aparentemente neutro e não prescritivo.

São muitas as críticas ao sistema neoclássico. Alguns trabalhos mostraram que o mercado não funciona nas condições de concorrência pura e perfeita como as supostas pelo modelo teórico básico, pois a informação que os agentes dispõem é imperfeita e desigualmente repartida (assimetria de informação), e os bens não são homogêneos, principalmente do ponto de vista da qualidade.[65] Outros procuraram enriquecer o modelo integrando noções como os valores, as normas, os custos de transação, os contratos implícitos ou ainda a reciprocidade e as instituições, produzindo um novo ramo da economia chamado de "neoinstitucionalista". Quanto à hegemonia do paradigma enquanto tal, os movimentos de resistência dentro da comunidade universitária emergiram para denunciá-la e apelar para o pluralismo em economia.[66] Sem contradição, sem controvérsia, os pressupostos e pontos de vista normativos são negados e mascarados, porém não são extintos, e é isso que a economia feminista ressalta, em se tratando, sobretudo, da interpretação da divisão sexual do trabalho (capítulo 3).

A era da economia empírica

Os questionamentos em torno da validade das hipóteses do modelo neoclássico levaram a economia a se abrir para outras áreas, sobretu-

---

[65] Ver, por exemplo, George A. Akerlof, "The Market for 'Lemons': Quality Uncertainty and the Market Mechanism", *Quaterly Journal of Economics*, v. 84, n° 3, p. 488-500, 1970.

[66] No contexto francês, ver, por exemplo, *À quoi servent les économistes s'ils disent tous la même chose? Manifeste pour une économie pluraliste*, Paris: Les liens qui libèrent, 2015.

do para a psicologia comportamental.[67] Os métodos experimentais usados na psicologia foram importados, oferecendo um novo campo de investigação na economia. Esses estudos puseram os pressupostos teóricos à prova dos fatos. Concluiu-se que os indivíduos não se comportavam sistematicamente como *homo œconomicus*. As experiências mostravam que nem sempre agiam conforme a racionalidade neoclássica. Eles mobilizavam atalhos cognitivos que facilitavam o tratamento da informação e a tomada de decisão.[68] Suas operações mentais eram marcadas por todo tipo de viés. A partir daí, o modelo neoclássico não podia mais ser considerado como um modelo descritivo e preditivo em uma perspectiva positiva, pois não descrevia a maneira como as pessoas se comportavam, e sim como deveriam se comportar a respeito dos seus próprios interesses. Portanto, tratava-se de uma teoria normativa.[69] Como fazer com que as pessoas se comportem racionalmente? Ao mostrar aos indivíduos os vieses que os afetavam, dos quais não tinham consciência ou ao influenciar sutilmente sua decisão, os levaríamos a modificar seus julgamentos e se comportar de forma racional. O paternalismo libertário consiste em instalar sinais por meio de uma representação das escolhas, os *nudges* [incentivos], para guiar os indivíduos na sua tomada de decisão e levá-los a tomar a "boa" decisão.[70] O reconhecimento do caráter normativo do modelo neoclássico tem o mérito de abrir a discussão sobre o que é desejável: os indivíduos precisam se comportar como

---

67 Jerôme Gautier, "L'économie à ses frontières (sociologie, psychologie). Quelques pistes", *Revue économique*, v. 58, n° 4, p. 927-939, 2007.

68 Trata-se de heurísticas de julgamento, ver Daniel Kahneman e Amos Tversky, "Judgement under Uncertainty: Heuristics and Biases", *Science*, v. 185, n° 4157, p. 1124-1131, 1974.

69 Richard H. Thaler, "Toward a Positive Theory of Consumer Choice", *Journal of Economic Behavior & Organization*, v. 1, n. 1, p. 39-60, 1980.

70 O paternalismo implica que seja legítimo influenciar o comportamento das pessoas, para ajudá-las a viver "melhor". Ele é libertário, pois não se trata de limitar as escolhas possíveis. Por exemplo, uma vez que raramente as pessoas modificam a opção proposta, por *default*, basta associar a esta a escolha que desejamos vê-las adotar para aumentar o número de pessoas que tomam a decisão julgada razoável. Richard H. Thaler e Cass R. Sunstein, *op. cit.*

o *homo oeconomicus* em qualquer circunstância? Quem decide o que é a "boa escolha"? Qual o lugar concedido às solidariedades e às liberdades?

Além disso, há algumas décadas, a economia aplicada se desenvolveu consideravelmente, com a ampliação das possibilidades de cálculos e a multiplicação de dados acessíveis. Os modelos teóricos são testados partindo de dados de natureza diversa (pesquisas, dados administrativos, procedentes das contas nacionais, experiências, entre outros), o que, muitas vezes, levou à rejeição de alguns deles (como o modelo de especialização de casais de Becker, sobre o qual será comentado mais à frente). Essas evoluções modificaram os contornos da disciplina e ampliaram o campo dos conhecimento. Porém, esse fazer técnico poderia reforçar a ilusão de uma objetivação perfeita dos fatos sociais e dar a impressão de se abstrair de questionamentos em matéria de ética e justiça. Além do mais, a sociedade de econometria se definiu em um texto fundador, que data de 1930, como uma "organização científica que pretende aproximar a economia das ciências naturais, unificando as abordagens teóricas e empíricas".[71] É verdade que, mais tarde, essa perspectiva evoluiu; no entanto, ela mostra a aspiração dos economistas de se distinguir das outras ciências sociais, aproximando-se das ciências exatas. Essa dinâmica é facilitada pela hiperespecialização dos pesquisadores, que não mais se questionam sobre o funcionamento da sociedade, mas se concentram em pontos específicos, perdendo, por isso, uma visão de conjunto. Ronald Coase[72] se preocupou com esse fator:

> De tudo isso se depreende que os economistas se consideram possuidores de uma caixa de ferramentas, mas não

---

[71] Texto disponível no site The Econometric Society: https://www.econometricsociety.org/uploads/historical/OriginalAnnouncement29%2011%2030.pdf. Acesso em janeiro de 2023.

[72] Ronald Coase (1910-2013), economista estadunidense. Foi laureado com o prêmio Nobel de Economia em 1991 por seus trabalhos sobre o papel das instituições na análise neoclássica e é, portanto, qualificado de neoinstitucionalista.

comprometidos com um objeto de estudo específico... Vejo muito bem a rédea e o freio, mas para onde foi esse maldito cavalo?[73]

Atualmente, os jovens economistas são incentivados a adotar estratégias de publicação que determinam suas carreiras, às vezes deixando de lado seus desejos de responder a questões que lhes parecem pertinentes.[74] A economia empírica busca identificar as relações causais entre dois fenômenos (o que é a causa de quê?), mobilizando técnicas estatísticas cada vez mais sofisticadas. Isso é útil quando a pergunta feita tem um sentido, porém alguns estudos são extraídos de considerações do tipo: "Para que serve esse resultado? Qual é o seu alcance? Ele pode ser generalizado?"[75] Por exemplo, dois economistas mostraram que a legalização do aborto nos Estados Unidos, no fim dos anos 1970, levou a uma redução da criminalidade quinze anos depois, uma vez que os filhos não desejados tinham, em geral, um comportamento mais desviante do que os outros. Essa política teria sido bem mais eficaz do que todas as tradicionais políticas repressivas ou de segurança.[76] No entanto, os dois autores não especificam a questão mais geral que gostariam de levar ao nosso conhecimento. Alguns dirão que é um resultado interessante, pois ele explicita uma consequência inesperada da legalização do aborto. Trata-se de um resultado anedótico e sem importância, sem alcance geral, por que não? Mas também ele pode levar a considerar o direito ao aborto como faceta de uma política de

---

73 Ronald Coase, "L'économie neo-institutionnelle", *Revue d'économie industrielle*, v. 92, n. 1, p. 52, 2000.

74 James J. Heckman e Sidhart Moktan mostraram que as cinco revistas de economia mais influentes exercem uma tirania nas carreiras dos jovens economistas, chegando a conduzi-los a selecionar as temáticas potencialmente publicáveis. Projetos de pesquisa eram retocados, pois não levariam a uma publicação em uma dessas cinco revistas. James J. Heckman e Sidhart Motkan, "Publishing and Promotion in Economics: The Tyranny of the Top Five", *Working Paper NBER*, 25093, 2019.

75 Consultar, por exemplo, Steven D. Levitt e Stephen J. Dubner, *Freakonomics. O lado oculto e inesperado de tudo o que nos afeta*, Rio de Janeiro: Alta Cult, 2019.

76 John J. Donohue e Steven Levitt "The Impact os Legalized Abortion on Crime", *The Quartely Journal of Economics*, 116 (2), p. 379-420, 2001.

segurança, a não ser que mostrasse que as mulheres que controlam sua reprodução criam melhor os filhos. Acontece que o direito ao aborto é um direito fundamental das mulheres de dispor de seus corpos, quaisquer que sejam as consequências sociais e econômicas. Portanto, avaliá-lo segundo os critérios de segurança deveria, ser objeto de uma discussão e de uma perspectiva mais global.

Recentemente observamos uma mudança de paradigma empírico que decorre do desenvolvimento de novas abordagens de avaliação das políticas públicas. Inspirando-se nos métodos usados em biologia ou medicina, os estudos randomizados controlados (*randomized control trial* [RCT]) são considerados como o aporte empírico que faltava à economia para ser uma ciência exata. O prêmio Nobel de Economia concedido em 2019 a Esther Duflo, Abhijit Banerjee e Michael Kremer[77] coroa essa abordagem, hoje em dia considerada o futuro da economia. Trata-se de programar experiências, escolhendo ao acaso, em uma população homogênea, dois grupos de indivíduos, sendo que um deles seria afetado pelo efeito que se deseja avaliar. Qualquer discrepância de comportamento entre os dois grupos seria, então, atribuída ao efeito do procedimento a ser testado. Esse método traz conhecimentos úteis, mas, como qualquer método empírico, também tem fragilidades: os resultados são sensíveis às hipóteses, ao protocolo experimental, e o alcance geral dos resultados é limitado. No entanto, ele se impõe como o caminho mais promissor, até mesmo o melhor, da base científica da economia.[78] Não são os RCT que são problemáticos, mas sim o status específico que lhes concedemos na área. A hierarquia que os coloca no alto da pirâmide dos métodos empíricos significa substituir um

---
77 Abhijit V. Banerjee e Esther Duflo, *Poor Economics. A Radical Rethinking of the Way to Fight Global Poverty*, Nova York: Public Affairs, 2011. [Ed. bras.: *A economia dos pobres: uma nova visão sobre a desigualdade*, Rio de Janeiro: Zahar, 2021].

78 Para uma versão ingênua do papel da economia experimental, ver Pierre Cahuc e André Zylberberg, *Le Négationnisme économique et comment s'en débarrasser*, Paris: Flammarion, 2016.

imperialismo por outro, o que não é propício à conversa científica.[79] Além disso, fazer dos RCT o alfa e o ômega da decisão pública significa afirmar que tudo que não é sujeito à experimentação não merece ser levado em conta e que a experimentação dá uma resposta irrefutável quanto à eficácia de um programa ou de uma política. A diversidade de sistemas de análise teórica e empírica é a única via para que a economia seja uma ciência social útil para o mundo. Não se trata somente de compreensão, mas sobretudo de responder aos desafios materiais e imateriais (lazer, cultura, liberdade, justiça, entre outros), aos quais somos confrontados. Os pesquisadores não podem, sistematicamente, dispensar esses questionamentos gerais sobre as sociedades.[80] É indispensável que eles se questionem sobre a relevância das perguntas feitas e as consequências dos seus resultados. O caráter científico da economia pode ser defendido sem cair em um cientificismo insensível a toda preocupação normativa, mas isso exige a pluralidade das análises, dos paradigmas que dialogam e se respondem no âmbito de uma conversa científica.[81]

---

[79] Angus Deaton, "Randomization in the Tropics Revisited: A Theme and Eleven Variations", out. 2019: "The imposition of a hierarchy of evidence is both dangerous and unscientific. *Dangerous* because it automatically discards evidence that may need to be considered, evidence that might be critical. [...] Hierarchies are *unscientific* because the profession is collectively absolved from reconciling results across studies; the observational study is wrong simply because there was no randomisation." ["A imposição de uma hierarquia de evidências é *perigosa* e não científica. *Perigosa* porque automaticamente descarta evidências que talvez precisem ser levadas em conta, evidências que podem ser críticas. [...] Hierarquias *não são científicas* porque a profissão é coletivamente eximida de conciliar e analisar os resultados entre estudos; o estudo observacional é descartado erroneamente, pelo simples fato de não ter havido randomização."] Disponível em: https://scholar.princeton.edu/sites/default/files/deaton/files/deaton_randomization_revisited_v2_2019_01.pdf. Acesso em janeiro de 2023.

[80] "Even for mathematics and logic and still more for physics, the scientific worker's choice of problems and of approaches to them, hence the pattern of an epoch's scientific thought, becomes socially conditioned – which is precisely what we mean when speaking of scientific ideology rather than of the ever more perfect perception of objective scientific truths." [Até mesmo no campo da matemática e da lógica, e mais ainda no da física, a escolha, feita pelo pesquisador, dos problemas e dos métodos, marcada pelos padrões do pensamento científico em vigor no momento, se torna socialmente condicionada - o que é exatamente o que queremos dizer quando falamos de ideologia científica, ao invés da percepção sempre mais perfeita de verdades científicas objetivas]. Joseph Schumpeter, "Science and Ideology", *The American Economic Review*, v. 39, n. 2, p. 346-359, p. 348, 1949.

[81] Serge Christophe Kolm, "A quoi sert la science économique?", *Annales, Économies, Sociétés, Civilisations*, v. 30, nº 1, p. 123-136, 1975.

Capítulo 2

O FEMINISMO PENSA!

Ao se afirmar "feminista", os economistas explicitam o princípio de justiça, à luz do qual é enunciado o tipo de conhecimentos que precisamos: a igualdade entre mulheres e homens. Caso as questões sejam colocadas nessa perspectiva, os resultados das pesquisas não estarão predeterminados, mas interpretados em função desse referencial. A economia não se tornará portanto menos científica. Ainda assim é preciso definir o que o feminismo abrange. Ele é fruto da resistência das mulheres, na maioria das vezes, e da subversão diante da dominação dos homens. Ele visa à igualdade dos sexos. Um dos aspectos dessa busca é a dimensão individual, por meio da emancipação de uma opressão é específica às relações entre os sexos. O feminismo começa pela defesa dos direitos das mulheres. Por muito tempo, esses direitos foram reprimidos, e assim permanecem, em várias regiões do mundo, pelo patriarcado, que dá poder aos homens e atribui às mulheres o status de cidadãs de segunda classe. A reivindicação de igualdade carrega uma promessa coletiva: os direitos não valem apenas para algumas mulheres, mas para todas. Tal fator exige cruzar a questão dos sexos com outras dimensões, especialmente a classe social e a origem étnica.

O desafio é demonstrar que a reivindicação da igualdade entre os sexos não resulta de uma demanda restrita, mas é uma dimensão incontornável do igualitarismo. Para responder a essa exigência, o feminismo teve de se municiar de análises teóricas empíricas e conceitos: "O feminismo pensa!", para retomar a máxima de Geneviève Fraisse.[1]

---
1 Geneviève Fraisse (1948), filósofa e historiadora feminista francesa. *La Fabrique du féminisme. Textes et entretiens*, Paris: Le Passager Clandestin, 2012.

Ele produz um campo de conhecimentos e inúmeros questionamentos sobre as condições de implementação do princípio de igualdade. Portanto, o feminismo é plural. A riqueza de debates que o atravessa leva-o além de um ativismo que reivindicaria a igualdade e os direitos das mulheres. Ele bebe da fonte de vários campos disciplinares. *O segundo sexo*, de Simone de Beauvoir, recorre a múltiplas perspectivas[2] (história, biologia, literatura, psicanálise...) e rompe com o determinismo biológico do século XIX, em especial com a invenção do instinto maternal. Ao invés de procurar a origem da dominação masculina, o momento em que tudo teria mudado completamente, Beauvoir convida as mulheres a se emancipar e abre um novo espaço de inteligibilidade para o feminismo. As análises críticas e interpretações distintas de *O segundo sexo* são incontáveis. As questões teóricas levantadas pelos feminismos emergem na história concreta, isto é, vivida por meio das oposições e dos combates comuns. Essa história é marcada por rupturas, especialmente a da passagem para a era democrática, que torna possível a igualdade – e, sobretudo, a igualdade de sexos.

Aqui, não se trata de reconstruir a genealogia do pensamento feminista, cujas raízes são profundas e enraizadas em nossa história social e política, nem de inventariar o conjunto de trabalhos feministas e os múltiplos debates nesse campo, mas apenas, de modo mais simples, de propor a cartografia de algumas controvérsias que mobilizam o feminismo para buscar suas repercussões no pensamento econômico.

Os sexos e o gênero

Segundo a lenda, Roma tinha poucas mulheres e estava insuficientemente povoada quando foi fundada. Para remediar o problema, Rômulo organizou o sequestro de mulheres de um povo vizinho, os Sabinos. Estes, decididos a se vingar, foram detidos pelas Sabinas, que

---

2 Simone de Beauvoir (1908-1986), filósofa francesa. *Le Deuxième Sexe*, Paris; Gallimard, 1949. [Ed. bras.: *O segundo sexo*, Rio de Janeiro: Nova Fronteira, 2009].

haviam se tornado romanas depois de terem sido obrigadas a se casar e carregar a prole de seus agressores. Esse episódio da mitologia romana foi interpretado como um ato fundador da grandeza de Roma, pois ele marca a aliança de dois povos na união conjugal.[3] No entanto, antes de tudo, tratou-se de um estupro em massa e de uma apropriação do corpo das mulheres pelos homens, e isso, de ambos os lados: os romanos queriam "reprodutoras" e os Sabinos se recusavam a deixar que elas lhes fossem roubadas.

Como o poder reprodutivo das mulheres levou a submissão? No alvorecer da humanidade, imaginamos a fascinação dos primeiros hominídeos pela reprodução, o desafio da sobrevivência da espécie. Duas categorias de indivíduos, fêmeas e machos, são necessárias para esse processo: essa simples observação da reprodução sexuada estaria na origem do pensamento para Françoise Héritier.[4] Por essa razão, a antropóloga faz da diferença de sexos *o limite derradeiro do pensamento*.[5] A oposição entre o idêntico e o diferente, resultado da constatação da diferença entre os sexos na reprodução, encontra-se na origem de um sistema de representação que coloca os valores em pé de igualdade e os hierarquiza na classificação masculino/feminino (ativo/passivo, quente/frio, seco/úmido, alto/baixo...). A *valência diferencial dos sexos* é uma invariante das sociedades humanas na qual o masculino domina o feminino. Se a estrutura continua a mesma (binária e hierarquizada), o fator que o masculino ou o feminino muda de uma sociedade para a outra. Portanto, não existe um paradigma único. A *valência diferencial dos sexos* desmascara, assim, a *ilusão naturalista* de uma hierarquia enraizada no biológico que serve para justificar a dominação masculina. No centro desse processo de hierarquização, estão a reprodução, associada

---

3 Jacques Boulogne, "L'utilisation du mythe de l'enlèvement des Sabines chez Plutarque", *Bulletin de l'Association Guillaune Budé. Lettres d'humanité*, n. 59, p. 353-363, dez. 2000.

4 Françoise Héritier (1933-2017), antropóloga francesa.

5 Françoise Héritier, *Masculin/Féminin*, t. I: *La pensée de la différence*, Paris, Odile Jacob, 1996. [Ed. bras.: *Masculino e feminino, o pensamento da diferença*, São Paulo: Instituto Piaget, 1998].

a uma forma de união sexual socialmente reconhecida, e o tabu do incesto. Daí resulta um sistema de apropriação do corpo das mulheres pelos homens que as priva do seu poder de procriação. Enquanto Simone de Beauvoir vê na *fecundidade absurda da mulher* um freio para a sua participação na atividade de produção e para o poder,[6] Françoise Héritier trilha um caminho oposto: é o poder da procriação da mulher que leva o homem a se voltar para uma função de produção.[7] A articulação entre a diferença entre os sexos e a igualdade, tendo como pano de fundo a questão da reprodução, é uma das polêmicas das lutas feministas dos anos 1970. A igualdade na diferença leva a um feminismo diferencialista que denuncia a hegemonia do masculino sobre o feminino (no plano dos valores, dos comportamentos, da experiência, do que importa nas nossas sociedades, entre outros). Essa abordagem rejeita uma visão de igualdade insensível às diferenças sexuais e que promove o universalismo masculino em detrimento do feminino. O acesso à contracepção e o direito ao aborto[8] liberaram a maternidade da servidão biológica para torná-la uma experiência privilegiada das mulheres.[9] Essa visão idealizada da maternidade leva a adotar um novo modelo de responsabilidade e de abertura aos outros que conviria revalorizar.[10] O pensamento diferencialista das psicanalistas feministas convida a considerar o corpo e a maternidade como uma vantagem e

---

6 "A fecundidade absurda da mulher a impediria de participar ativamente do crescimento desses recursos, sendo que ela criaria indefinidamente novas necessidades", Simone de Beauvoir, *op. cit.*

7 Monique Schneider, "Maternité et aliénation", *L'Homme & la Société*, n. 179-180/1, p. 157-170, 2011.

8 No Brasil, o conjunto de leis que garantem às mulheres o acesso ao aborto é limitado. Caso ele não se dê forma natural e/ou acidental, é considerado crime (art. 125 do Código penal) e prevê detenção de um a três anos. Os casos em que o aborto é considerado legal são: gravidez decorrente de estupro, risco à vida da mulher e anencefalia do feto. (N.E.)

9 Antoinette Fouque, *Il y a deux sexes. Essais de féminologie*, Paris: Gallimard, 1995. Antoinette Fouque (1936-2014), psicanalista, pensadora, ativista e militante feminista francesa. Fundou o Mouvement de libération des femmes (MLF), em 1968, e a editora Éditions des femmes. (N.E.)

10 Consultar, por exemplo, Sylviane Agacinski, *Politique des sexes*, Paris: Seuil, 1998.

um trunfo para as mulheres.[11] Essa abordagem encontra eco na ética do cuidado feminino fundamentado na experiência da maternidade. Tal visão redutora do conceito de *care* o assimila a uma forma de maternagem necessariamente realizada pelas mulheres e supõe a complementaridade dos sexos.[12]

Os conflitos teóricos em torno da diferença entre os sexos foram especialmente virulentos na França no contexto dos movimentos feministas dos anos 1970. Mesmo tendo produzido análises estimulantes, as discussões levaram a estereotipar duas posições polarizadas sobre as relações entre o sexo biológico e o sexo social, o que explica, em parte, a lenta difusão do conceito de "gênero" nas pesquisas feministas francesas.[13] O conceito emerge nos trabalhos das feministas anglófonas nos anos 1970.[14] Tratava-se, então, de ampliar a problemática dos *women's studies* e de compreender o papel representado pela simbologia sexual na manutenção de uma ordem sexual quaisquer que fossem a sociedade ou a época.[15] O gênero designa a organização social da diferença dos sexos. Ele não reflete diferenças imutáveis ou físicas entre os sexos, mas define o sentido dado a essas diferenças corporais. Os significados variam de acordo com as culturas, os grupos sociais e a época, na medida em que nenhum aspecto do corpo (nem mesmo os órgãos reprodutivos) determina, sem equívo-

---

11 Para uma revisão de literatura, ver Laurie Laufer, "Corps et politique: les psychanalystes féministes... et la question de la différence", in Jean-Jacques Rassial e Fanny Chevalier (orgs.), *Genre et psychanalyse. La différence des sexes en question*, Toulouse: Érès, p. 31-54, 2016.

12 Fabienne Brugère, *L'Éthique du "care"*, col. "Que sais-je?", Paris: PUF, 2017.

13 Ilana Löwy e Hélène Rouch, "Genèse et développement du genre: les sciences et les origines de la distinction entre sexe et genre", *Cahiers du Genre*, v. 34, n. 1, p. 5-16, 2003.

14 Na França, o grupo de pesquisa pluridisciplinar MAGE (Marché du travail et genre) foi criado em 1995 pela socióloga Margaret Maruani. A revista *Travail, genre e sociétés* é associada a ele desde 1999. Esse grupo foi pioneiro em produzir e publicar trabalhos de estudos de gênero aplicados às problemáticas de trabalho, emprego, desemprego, formação e educação.

15 Natalie Zemon Davis, "Women's History in Transition: The European Case", *Feminist Studies*, v. 3, nº 3-4, p. 83-103, 1976.

co, qual será forma assumida pela divisão social dos papéis.[16] A noção de gênero foi difundida progressivamente para pensar a associação entre a diferença dos sexos e o seu conteúdo social e culturalmente construído. Portanto, essa noção contém a articulação hierarquizada do feminino e do masculino. Ao unificar conceitos mobilizados em diferentes disciplinas (relações sociais de sexo em sociologia, sexo social em antropologia, mulheres e homens na história ou na economia, diferenças de sexos em filosofia etc.), esse conceito possui uma ambição epistemológica transdisciplinar.[17] Ele permite contestar a naturalização da feminilidade. Se o gênero opõe a ancoragem social do masculino/feminino à ancoragem biológica do sexo, esta última deve, também, ser questionada fazendo referência à compreensão dos corpos, igualmente histórica e socialmente situada.[18] Os estudos demonstram que o sexo biológico é definido a partir de várias características (hormônios, aparelho genital, genes, entre outros).[19] Ao contrário do sexo social, o sexo biológico não é uma categoria binária, mas um contínuo com dois polos. Além disso, as transformações das tecnologias biomédicas de reprodução (maternidade de substituição ["barriga de aluguel"], fertilização assistida, congelamento de óvulos, entre outros) levam a questionar mais uma vez a diferença de sexos em função do processo reprodutivo. Tais perspectivas tornam mais complexas as relações entre os dois sexos, de um lado, que estariam ancoradas no campo biológico e a noção de gênero, de outro, que seria uma interpretação social e cultural da diferença dos sexos, levando a designações em termos de feminilidade e masculinidade.

—

16 Joan W. Scott, "Gender: A Useful Category of Historical Analysis", *The American Historical Review*, v. 91, n. 5, p. 1053-1075, 1986.

17 O programa PRESAGE, programme de recherche d'enseignement des savoirs sur le genre [programa de pesquisa de ensino dos saberes sobre gênero], aberto em 2010 nas Sciences Po e desenvolvido conjuntamente pela OFCE, se inspira nessa postura transversal. Ver também Ilana Löwy e Hélène Rouch, op. cit.

18 Ver, por exemplo, Nelly Oudshoorn, "Au sujet des corps, techniques et des féminismes", Delphine Gardey e Ilana Löwy (orgs.), *L'Invention du naturel. Les Sciences et la fabrication du féminin et du masculin*, Paris: Éditions des Archives Contemporaines, p. 31-45, 2000.

19 Anne Fausto-Sterling, *Myths of Gender. Biological Theories about Women and Men*, Nova York: Basic Books, [1985] 1992.

O conceito de gênero é um organizador cognitivo potente do pensamento, portanto é difícil se livrar dele, pelo menos a médio prazo. Como neutralizar a hierarquia entre masculino e feminino a fim de acabar com o aprisionamento dos indivíduos segundo o seu sexo em diferentes espaços? A mera supressão da menção ao sexo não reduz a influência dessa hierarquia, pois o caráter empírico das discriminações, das desigualdades e das violências persiste. O termo *wifebattering*, ou mulheres que apanham, foi substituído por *spousal abuse*, ou violências conjugais, para neutralizar o gênero e não reproduzir estereótipos. No entanto, as mulheres continuam sendo majoritariamente as vítimas da violência. Do mesmo modo, não se fala mais em *single mothers*, ou mães *solo*, que criam os filhos sozinhas, e sim *single parents*, ou famílias monoparentais e, no entanto, mais de 80% das pessoas que criam filhos sozinhas são mulheres. Na verdade, ocultar o caráter sexuado desses fenômenos pode ser prejudicial à compreensão e, sobretudo, à visibilidade das desigualdades entre os sexos.[20] Para resolver esse dilema, Julie Nelson propõe abrir um *continuum* de valores que vão do positivo ao negativo entre o masculino e o feminino (*gender value compass*). Ao apagar a binariedade do sistema de valores, alteramos a associação sistemática dos valores femininos às mulheres e dos valores masculinos aos homens: por exemplo, a flexibilidade é percebida, nas sociedades ocidentais, como característica feminina e oposta à rigidez, que, por sua vez, seria um traço masculino. Se uma excessiva flexibilidade provoca submissão, esse comportamento também permite a busca de consenso. Da mesma maneira, a rigidez é necessária para manter o prumo na direção de objetivos, mas também implica muitas vezes em não levar em consideração a opinião dos outros.[21] No entanto, seria possível pensar o feminino e o masculino fora do contexto de dominação de um sexo sobre o outro – a dinâmica que fez emergir essas duas categorias?

---

20 Julie A. Nelson, "More Thinking about Gender: Reply", *Hypathia*, v. 9, n. 1, p. 199-205, 1994.

21 Julie A Nelson, "Thinking about Gender", *Hypathia*, v. 7, n. 3, p. 138-154, 1992.

Em outras palavras, podemos dissolver a hierarquia entre os dois sexos, mantendo essa binariedade historicamente associada ao predomínio de um sexo sobre o outro?[22] A experiência social das mulheres inclui múltiplas dimensões. A história dos movimentos de luta contra discriminações e pela igualdade de sexos mostra que a categoria "mulher" não constitui um grupo homogêneo. Ela foi repensada pelo viés da sexualidade, argumentando que a ordem sexuada é fruto da heteronormatividade. A norma heterossexual atribui aos indivíduos uma identidade e uma sexualidade determinadas e leva à construção da categoria "mulher" na relação heterossexual. Para Monique Wittig,[23] a heterossexualidade repousa na distinção construída entre mulher/homem e feminino/masculino, mantendo assim as desigualdades na divisão do poder entre homens e mulheres.[24] Os movimentos feministas franceses dos anos 1970, em especial o Movimento de Liberação das Mulheres (MLF, na sigla em francês), excluíram a lesbianidade política com medo de uma divisão do movimento,[25] o que levou Monique Wittig a trocar a França pelos Estados Unidos. Em um outro contexto, durante os anos 1960 e 1970 nos Estados Unidos, as mulheres negras expuseram a opressão específica de que eram vítimas com um novo movimento, o *Black Feminism*. Elas não se sentiam representadas pelo movimento de defesa dos direitos civis dos afro-americanos nem pelas lutas das feministas. A discriminação que sofriam como mulheres negras não podia ser entendida a partir de uma simples justaposição do sexismo e do racismo, mas sim como decorrente do cruzamento dos dois, produzindo uma

---

22 Patricia Elliot, "More Thinking about Gender: A Response to Julie A. Nelson", *Hypathia*, v. 9, n. 1, p. 195-198, 1994.

23 Monique Wittig (1935-2003), teórica feminista francesa.

24 Natacha Chetcuti, "De 'on ne naît pas femme' à 'On n'est pas femme'. De Simone de Beauvoir à Monique Wittig", *Genre, sexualité & société*, n. 1, primavera 2009.

25 Ilana Eloit, "Lesbian Trouble: Feminism, Heterosexuality, and the French Nation (1970-1981)", tese de doutorado, London School of Economics, Londres, 2018.

opressão específica. No entanto, isso não foi reconhecido pelos juízes norte-americanos no contexto da luta contra as discriminações. Para dar conta dessas situações e responder a esse vazio jurídico, Kimberlé W. Crenshaw[26] elaborou o conceito de interseccionalidade. O ativismo trouxe à luz a multiplicidade de formas de opressão que as mulheres sofriam segundo sua origem social, étnica ou ainda conforme sua orientação sexual. O feminismo interseccional se desenvolveu nessa perspectiva e tenta interpretar a complexidade da articulação das identidades e das opressões em um dado contexto. Mas, levado ao seu paroxismo, ele se confunde com reivindicações identitárias e categoriais que prejudicam a dimensão coletiva e universal do feminismo.

O proletário do proletário

As desigualdades sociais se articulam com as desigualdades entre os sexos de modo que não é possível compreender uma delas sem levar as outras em consideração. O feminismo não pode ser privilégio das mulheres intelectuais, ricas e pertencentes às classes sociais dominantes, mas também não pode excluí-las. De maneira simétrica, a análise das desigualdades econômicas e sociais não pode omitir sua dimensão sexual. Flora Tristan[27] formulou isso em um livro pioneiro intitulado *Union ouvrière* [União operária], publicado em 1843, no qual ela explicita o conceito de "classe operária" e propaga a autoemancipação do proletariado. Clama pela constituição de uma "união universal dos operários e das operárias". A famosa citação "Proletários de todos os países, uni-vos", que conclui o *Manifesto do Partido Comunista*, foi tirada dos escritos de Flora Tristan. Se Marx não fez referência explícita a isso, foi por rejeição a uma espécie de misticismo de Flora Tristan, do

---

26 Kimberlé W. Crenshaw, "Mapping the Margins: Intersectionality, Identity Politics, and Violence against Women of Color", *Stanford Law Review*, v. 43, n. 6, p. 1241-1299, 1991.

27 Flora Tristan (1803-1844), escritora feminista franco-peruana.

qual ele queria se afastar,[28] mas a suspeita de desqualificação da palavra de uma mulher não pode ser excluída. Flora Tristan apontou a dupla opressão sofrida pelas mulheres: "O homem mais oprimido pode oprimir um ser que é sua mulher. Ela é proletário do proletário." Ela acreditava que a libertação dos trabalhadores da opressão capitalista só poderia vir deles mesmos ("a libertação dos trabalhadores será obra dos próprios trabalhadores") e especificava que isso só aconteceria com a igualdade entre os sexos: "A igualdade absoluta entre o homem e a mulher [é a condição necessária para constituir] a unidade humana."[29] Engels lança mão dessa ideia e imagina uma origem comum da família e da propriedade privada. O exercício de pensamento que ele propõe faz da propriedade privada o ponto de partida da opressão das mulheres, com a instauração do casamento burguês. Este permite a transmissão da propriedade de uma geração para a outra e leva à instauração do patriarcado: "Na família, o homem é o burguês; a mulher desempenha o papel do proletariado."[30]

Nessa perspectiva, o feminismo marxista considera o capitalismo como a forma primeira de dominação, já que o patriarcado não passa de uma evanescência do capitalismo. Ele introduz o conceito de trabalho "reprodutivo" que abrange todas as tarefas realizadas pelas mulheres no lar e que garante a reprodução biológica do ser humano e de sua força de trabalho. Ao contrário do trabalho produtivo, que agrupa as atividades ligadas à produção mercantil de bens e serviços, o trabalho reprodutivo não é objeto de nenhum reconhecimento nem remuneração. Ele se integra ao sistema produção capitalista.

---

28 Maximilien Rubel, "Flora Tristan et Karl Marx", *La Nef*, 1946; Paris: Critique Sociale, 2013.

29 Flora Tristan, *Union ouvrière*. Édition populaire, Paris: Prévot, p. 71, 1843.

30 Friedrich Engels, *L'Origine de la famille, de la propriété privée et de l'État* [1884], Paris: Les éditions sociales, p. 82, 1974. [Ed. bras.: *A origem da família, da propriedade privada e do Estado*, trad. Nélio Schneider, São Paulo: Boitempo, 2019].

O feminismo materialista se inspira no marxismo ao fazer uma analogia entre o sistema de opressão e exploração de uma classe social por outra e o de um sexo por outro. E se diferencia do marxismo ao indicar a emancipação das mulheres como o *front* principal da luta de classes. O feminismo materialista contesta qualquer forma de essencialização da diferença dos sexos, bem como as abordagens psicanalíticas, que julga despolitizadas e a-históricas. A questão feminista não é a de identidade e de sua relação com o corpo, mas da experiência social das mulheres. Não se pode falar de feminino e masculino abstraindo a história da opressão das mulheres. As qualidades ditas "femininas" (como o altruísmo, a escuta ativa, a doçura, a passividade, entre outras) e as ditas "masculinas" (como a força, a vontade, a ambição, o dinamismo, entre outras) foram moldadas pelo patriarcado: como as mulheres ficaram restritas a alguns papéis sociais, no caso, centradas na reprodução, essas qualidades lhes foram assim atribuídas. Em uma perspectiva feminista, a hierarquia entre masculino e feminino é fruto da dominação masculina e não o inverso. Não foi a divisão sexual do trabalho que produziu essa dominação, mas a dominação que produziu essa organização do trabalho que subjuga as mulheres. A categoria "mulher" passa a ser compreendida como uma classe de indivíduos oprimida pela dominação masculina e explorada do ponto de vista econômico, em especial pelo trabalho reprodutivo que realizam no seio da família.[31]

Sejam materialistas ou marxistas, as abordagens feministas enfatizam o papel-chave do trabalho de reprodução majoritariamente realizado pelas mulheres, sem remuneração. Porém, enquanto a abordagem marxista considera que o capitalismo é o grande beneficiário dessa exploração do tempo das mulheres, a abordagem materialista considera os homens como os favorecidos por esse trabalho doméstico gratuito realizado pelas mulheres. Trata-se de uma exploração, uma vez que

---

31 Christine Delphy, *L'Ennemi principal. I: Économie politique du patriarcat*, Paris: Syllepse, p. 33, [1998] 2009. Ver também Christine Delphy, "Par où attaquer le 'partage inégal' du 'travail ménager?'", *Nouvelles questions féministes*, vol. 22, n° 3, p. 47-71, 2003.

esse trabalho não é reconhecido nem remunerado. Christine Delphy fala de: "extorsão que é feita pelos companheiros, pelos pais, pelos homens que coabitam com as mulheres."[32] O próprio conceito de "trabalho gratuito" suscita duas observações. Se esse trabalho é gratuito, seria preciso remunerá-lo? Um salário que retribua o trabalho realizado pelas mulheres na família estabilizaria a divisão sexuada dos papéis. Isso levaria a reproduzir as desigualdades socioeconômicas entre os sexos e seria contrário à emancipação das mulheres. O caráter gratuito desse trabalho supõe que ele não recebe nenhuma compensação monetária. É o caso dos países em que o Estado de bem-estar social é muito limitado, como nos Estados Unidos, ou quase inexistente, como em vários países pobres. Entretanto, em muitos países europeus (como na França e na Alemanha), as políticas públicas (sociais, familiares e, sobretudo, fiscais) foram, há muito tempo, orientadas e ainda o são, em certa medida, de modo a redistribuir as riquezas entre os casais. Essa redistribuição compensa o menor investimento das mulheres casadas no mercado de trabalho em razão do tempo dedicado ao trabalho doméstico e familiar. Ela é a base do modelo do Senhor Ganha-pão (capítulo 5). Ao sustentar a especialização dos papéis no interior da família, essa economia política do casal institucionalizou as desigualdades econômicas entre os sexos. Nesse sentido, não se pode falar de trabalho gratuito, mas de sujeição das mulheres para que realizem o trabalho doméstico em troca de uma compensação familiar, em vez de individual. O desafio, portanto, é a divisão de tarefas entre os cônjuges. A característica não mercantil da produção doméstica limita as possibilidades de regulamentação do trabalho realizado na família, que é submetido a normas sociais e a práticas definidas pelo gênero.

Os vínculos entre patriarcado, capitalismo moderno e neoliberalismo constituem um eixo maior do pensamento feminista. Se o patriarcado é um termo definido, o capitalismo e o neoliberalismo são,

---

[32] Christine Delphy, "L'Économie féministe". *Regards croisés sur l'économie*, vol. 15, n° 2, p. 29-41, p. 33, 2014.

às vezes, mobilizados de maneira substituível, sem que aquilo que eles denotam esteja claramente identificado. O patriarcado se baseia em regras jurídicas (as que enquadram o casamento, por exemplo), estruturas sociais (como a família) e práticas pelas quais os homens há séculos dominam, oprimem e exploram as mulheres, mesmo que as modalidades desse sistema de opressão tenham mudado. A propriedade privada não está na origem do patriarcado: existiram sociedades sem classes sociais e sem propriedade privada, fundamentadas unicamente na dominação masculina.[33] O patriarcado se desdobra em várias dimensões:[34] as violências (violências conjugais, feminicídios, estupros, assédios, entre outras) cuja extensão foi revelada apenas recentemente pelo movimento #MeToo; a sexualidade (seria ela o fundamento do controle dos homens sobre o corpo das mulheres?); as instituições culturais (como se constroem as identidades de gênero por meio da socialização, por exemplo?[35]); o modo de produção (o trabalho doméstico realizado em grande parte pelas mulheres); o trabalho remunerado (relações salariais, discriminação e desigualdades no mercado de trabalho); e, por fim, o papel do Estado (as políticas públicas que organizam a ordem sexuada permanecem insuficientes para lutar contra as desigualdades entre os sexos). A articulação do patriarcado e a estratificação social levam a rejeitar a ideia de que todos os homens estariam em uma situação de dominação e que todas as mulheres seriam dominadas, e isso bem antes do advento do capitalismo.

O capitalismo é uma organização econômica que se baseia na propriedade privada do capital produtivo e no livre-mercado. Depois da queda do império soviético, ele se tornou o sistema econômico dominante em um mundo no qual o comércio é globalizado. Essa globali-

---

33 Como mostrou Maurice Godelier a respeito do povo Baruya. Ver Maurice Godelier, *La Production des Grands Hommes. Pouvoir et domination masculine chez les Baruya de Nouvelle-Guinée*, Paris: Fayard, 1982.

34 Sylvia Walby, *Theorizing Patriarchy*, Oxford: Basil Blackwell, 1990.

35 Ver, por exemplo, Marie Duru-Bellat, *La Tyrannie du genre*, Paris: Presses de Sciences Po, 2017.

zação é questionada de maneira ainda mais evidente depois da crise sanitária, econômica e social que se seguiu à pandemia da Covid-19. O capitalismo não se confunde com o neoliberalismo, tal como foi definido no capítulo 1 e ao qual voltaremos no capítulo 6. O capitalismo pode ser regulado por um Estado de bem-estar social. Existem múltiplas maneiras de associar o Estado de bem-estar social e a economia de mercado, atribuindo mais ou menos peso à luta contra as desigualdades econômicas e sociais.[36] A introdução da perspectiva feminista na análise dos Estados sociais deixou clara a existência de diferentes formas de articulação entre o mercado, a família e o Estado, mais ou menos voltadas para a busca da igualdade, de acordo com o país.[37] Enquanto o capitalismo social organiza a redistribuição das riquezas, o neoliberalismo organiza a concorrência como modo de regulamentação da sociedade. Aliás, a revolução neoliberal dos anos 1970 se construiu contra o capitalismo social, com efeitos contrastados de acordo com o país: na Europa, o Estado de bem-estar social resistiu bastante bem (com exceção do Reino Unido), já nos Estados Unidos, ele foi enfraquecido de maneira contínua. No Chile, a Constituição foi marcada com o selo do neoliberalismo durante os anos 1970 sob a influência dos economistas da Universidade de Chicago,[38] o que, ainda hoje, limita as possibilidades de redistribuição de riquezas e leva a contestações sociais, às vezes violentas, como comprovam as manifestações do outono de 2019. Ao

---

36 Para uma análise dos vínculos entre capitalismo e Estado de bem-estar social, ver, por exemplo, Gosta Esping-Andersen, *The Three Worlds of Welfare Capitalism*, Cambridge/Princeton: Polity Press/ Princeton University Press, 1990.

37 Para compreender a importância da questão do gênero na articulação entre o mercado, a sociedade e o Estado, ver, por exemplo, Jane Lewis, "Gender and the Development of Welfare Regimes", *Journal of European Social Policy*, v. 2, n. 3, p. 159-173, 1992; Diane Sainsbury, "Women's and Men's Social Rights: Gendering Dimensions of Welfare States", in Diane Sainsbury (ed.), *Gendering Welfare States*, Londres/Thousand Oaks: Sage Publications, p. 150-169, 1994.

38 Para uma análise histórica da influência do neoliberalismo no Chile, ver Emmanuel Garate, "La Révolution économique" au Chili. *À la recherche de l'utopie neoconservatrice*, 1973-2003, tese de doutorado em história sob a direção de Frédérique Langue, École des hautes études en sciences sociales (EHESS), Paris, 2010.

tomar o capitalismo tal como é, sem questionar as estruturas de poder e as desigualdades socioeconômicas que ele pode produzir, o feminismo liberal coloca seu foco na igualdade dos sexos no seio de cada categoria social. Assim, nos países onde as desigualdades econômicas e sociais são marcantes, em especial nos Estados Unidos, significa concentrar-se nas demandas de igualdade das mulheres instruídas (por exemplo, para lutar contra o 'teto de vidro')[39] e relegar a segundo plano as demandas de todas as outras mulheres. Em uma perspectiva feminista marxista, isso desacredita a radicalidade do movimento, reduzindo o alcance coletivo das reivindicações feministas.[40]

Assim como o feminismo marxista se ergue contra o feminismo liberal, o feminismo fundamentado nas identidades sexuais acusa o feminismo marxista por minimizar as reivindicações dos movimentos LGBTQIA+, ao reduzir as discriminações que este grupo sofre a simples injustiças culturais; do mesmo modo, as lutas relativas à classe social ou à origem étnica estariam associadas a lutas contra as desigualdades econômicas; as lutas feministas estariam articuladas a um ou outro campo, alternadamente.[41] Essa distinção entre as diferentes lutas faria o jogo do capitalismo, reforçando a heteronormatividade. Será que o capitalismo realmente tira proveito da norma heterossexual? Com certeza beneficiou-se dela no século XIX, pois se tratava de reproduzir a força de trabalho; porém, hoje em dia, não é mais o caso hoje. Além disso, as multinacionais foram as primeiras a ampliar as vantagens tanto aos casais heterossexuais quanto aos homossexuais. O que está em questão em

---

39 O fenômeno conhecido como 'teto de vidro' caracteriza-se pela menor velocidade com que as mulheres crescem profissionalmente, o que resulta em baixa participação de mulheres nos cargos de liderança das organizações e, consequentemente, nas altas esferas do poder, do prestígio e das remunerações. É observado mesmo quando as mulheres são dotadas de características produtivas idênticas ou superiores às de seus congêneres homens. A barreira sutil, aparentemente invisível aos olhos de todos, influencia nas oportunidades de carreira das mulheres, bem como na progressão profissional. (N.T.)

40 Cinzia Arruza, Tithi Bhattacharya, e Nancy Fraser, *Féminisme pour les 99%. Un manifeste*, Paris: La Découverte, 2019 [Ed. bras.: *Feminismo para os 99%: um manifesto*. São Paulo: Boitempo, 2019].

41 Judith Butler, "Merely Cultural", *Social Text*, v. 15, n. 52-53, p. 265-277, 1997.

torno dos movimentos LGBTQIA+ não é tanto o proveito, mas o status. As discriminações que essas pessoas sofrem são inúmeras,[42] contudo, são as forças conservadoras culturais e religiosas que se opõem aos direitos dos casais homossexuais, por exemplo, e não o capitalismo.[43] Nancy Fraser propõe uma teoria de justiça que distingue diferentes formas de opressão sem hierarquizá-las: as injustiças de reconhecimento associadas ao status e as injustiças redistributivas associadas à classe social. A heteronormatividade e as lutas LGBTQIA+ se inscrevem na primeira categoria, as reivindicações em matéria de igualdade socioeconômica dizem respeito à segunda. Fraser defende um feminismo inclusivo, baseado não na identidade individual, mas no status dos indivíduos e no reconhecimento que eles gozam no espaço público e na possibilidade de interagir. O conceito de *paridade de participação* permite especificar a igualdade enquanto processo de inclusão na sua política, distinguindo os obstáculos econômicos e culturais que impedem certas pessoas de participar como pares na interação social.[44]

Democracia, igualdade e justiça

A articulação das liberdades políticas e das liberdades econômicas constitui um eixo fundamental das controvérsias em economia, embora sem colocar verdadeiramente em debate a questão dos direitos das mulheres e das desigualdades entre os sexos. A perspectiva feminista revela a contradição de uma abertura à democracia sem a inclusão das mulheres e denuncia a diferença dos sexos como modo de justificar a exclusão dos direitos políticos e também da instrução e da emancipação econômica. A crítica feminista da filosofia contratualista sugere

---

42 Ver, por exemplo, M.V. Lee Badgett e Jefferson Frank (eds.), *Sexual Orientation Discrimination: An International Perspective*, Londres: Routledge, 2007.

43 Nancy Fraser, "Hétérosexisme, déni de reconnaisance et capitalisme. Une réponse à Judith Butler", in *Le Féminisme en mouvements. Des années 1960 à l'ère néolibérale*, Paris: La Découverte, p. 239-254, 2012.

44 Nancy Fraser, *Qu'est-ce que la justice sociale? Reconnaissance et redistributiion*, Paris: La Découverte, p. 53, [2005] 2011.

caminhos para compreender a persistência das desigualdades entre os sexos, ao refletir sobre a origem de uma democracia que não inclui as mulheres. O contrato social é considerado um ato fundador das nossas democracias. É um pacto fraterno que sela a igualdade entre os homens na esfera pública. Em *Do contrato social*, Jean-Jacques Rousseau[45] põe fim à comparação do exercício do poder entre o Estado e a família. A representação do rei na sociedade não poderia mais ser deduzida do poder paterno na família. Ele anuncia, então, sem o enunciar, a dissociação entre o governo doméstico e o governo político.[46] O contrato social prega a democracia no espaço público, porém, a analogia rompida com a família impede a transmissão da partilha do poder no âmbito da família, que permanece nas mãos do pai devido à suposta naturalidade de sua função. Desde então, a família e o lugar das mulheres passaram a ficar fora do vínculo social e político, mesmo que a realidade histórica tenha imposto uma circulação entre espaço público e espaço privado. Assim, o contrato social é acompanhado, em silêncio, de um contrato sexual. Este último organiza a sujeição das mulheres na esfera privada e regulamenta o acesso delas às esferas política e econômica. O duplo contrato social e sexual é uma reconfiguração do patriarcado em uma ordem política e econômica nova, como descreve Carole Pateman.[47] O contrato heterossexual reproduz as desigualdades entre os sexos, concedendo à família e a sua organização um status privado e apolítico. Interessando-se pela gênese da exclusão das mulheres do espaço político, Geneviève Fraise enunciou o conceito de *democracia exclusiva* que introduz uma dimensão intencional nessa opção pela exclusão: ela não pode ser percebida simplesmente como um processo democrático

---

45 Jean-Jacques Rousseau (1712-1778), filósofo francês.

46 Geneviève Fraisse, *Les deux gouvernements: la famille et la Cité*, Paris: Gallimard, 2001.

47 Carole Pateman, *The Sexual Contract*, Califórnia: Stanford University Press, 1988. [Ed. bras.: *O contrato sexual*, São Paulo: Paz e Terra, 2008].

inacabado.[48] Essa última abordagem suporia uma forma de dinâmica inelutável da inclusão das mulheres no campo político, mas, ao contrário, a história dos sexos se construiu pela vontade, no caso, das mulheres, de ter acesso aos mesmos direitos que os homens.[49] Assim, a democracia francesa se construiu com base na ideia da universalidade dos direitos individuais, segundo duas modalidades. A primeira pensa os direitos políticos como universais, para além das diferenças, inclusive sexuais. Nicolas de Condorcet[50] enunciou esse universalismo inclusivo:

> Ou nenhum indivíduo da espécie humana tem verdadeiros direitos, ou todos têm os mesmos direitos; e aquele que vota contra o direito de um outro, qualquer que seja a sua religião, sua cor ou seu sexo, a partir de então abjurou os seus.[51]

O outro universalismo é o que não transcende a diferença de sexos e pensa a universalidade dos direitos pelo lado do masculino.[52] Ele foi o pilar da construção da República francesa que, portanto, é marcada pela concepção exclusiva da democracia baseada em um universal masculino. A exclusão se repete sob o termo "fraternidade", que fecha a divisa da República. Analisando quem não são os irmãos, aqueles excluídos dessa democracia, assim como as condições nas quais eles podem ser incluídos, Réjane Sénac mostra que a fraternidade "não foi, não é e nunca será neutra e universal".[53] Ela defende que se ouse reformular a divisa para que a República esteja à altura dos princípios e

---

48 Geneviève Fraisse, *Muse de la raison. Démocratie et exclusion des femmes en France*, Paris: Gallimard, 1995.

49 Geneviève Fraisse. *La démocratie exclusive: un paradigme français*, Pouvoirs, n. 82, p. 5-16, 1997.

50 Nicolas de Condorcet (1743-1794), filósofo e matemático francês.

51 Nicolas de Condorcet. *Sur l'admission des femmes au droit de cité*, 3 de julho de 1790, in *Oeuvres de Condorcet*, Paris: Firmin Didot, 1847.

52 Joan W. Scott. *Only Paradoxes to Offer. French Feminists and the Rights of Man*, Cambridge: Harvard University Press, 1996.

53 Réjane Sénac. *Les Non-Frères au pays de l'égalité*, Paris: Presses de Sciences Po, 2017, p. 8.

dos valores que proclama, substituindo fraternidade por "adelfidade",[54] termo inclusivo e que significa a união entre cidadãs e cidadãos. Algumas filósofas propõem uma leitura do contrato social que coloca a igualdade dos sexos no coração da democracia. O gênero como organizador de nossas sociedades reproduz relações de poder na família e no trabalho. Susan Moller Okin[55] reformula o igualitarismo liberal de John Rawls[56] em uma perspectiva feminista. Ela retoma a ideia fundadora da teoria de justiça de Rawls, a da posição original sob o véu da ignorância. Na experiência de pensamento concebida por Rawls, os indivíduos sob o véu da ignorância não conhecem sua posição econômica e social e decidem princípios de justiça aceitáveis por todos, independentemente da posição que eles acabam atingindo. Os princípios de justiça originados nesse processo articulam a liberdade e a igualdade. O princípio de liberdade estipula um direito igual para um conjunto de liberdades básicas. O princípio de diferença implica que as desigualdades sociais e econômicas devem ser agenciadas de forma a beneficiar os menos favorecidos, garantindo a igualdade de oportunidades (igualdade como equidade). A força do conceito do véu da ignorância reside no fato de que os indivíduos almejam posições que não são suas e nas quais jamais poderiam estar. No entanto, apenas os chefes de família, que supostamente representam o consenso familiar, poderiam se submeter a isso.[57] Rawls assume que a família é uma instituição justa, o que o leva a ocultar a dimensão sexuada de igualdade. Acontece que a família também é um lugar de dominação, e a sua organização é amplamente determinada por normas sociais, em especial as relacionadas ao gênero. Moller Okin sugere colocar sob o

---

54 Neologismo francês originado do grego antigo *adelphós*, termo botânico que denomina plantas cujos estames estão unidos por filetes. O uso figurado não tem registro anterior em português. (N.T.)

55 Susan Moller Okin (1946-2004), filósofa estadunidense.

56 John Rawls (1921-2002), filósofo estadunidense.

57 John Rawls. *A Theory of Justice*, Cambridge (Mass.), Harvard University Press, 1971. [Ed. brasi.: Uma teoria da Justiça. São Paulo: Martins Fontes, 2016].

véu da ignorância não o chefe de família, mas os indivíduos. Feito isso, a família seria submetida ao exame escrupuloso dos princípios de justiça rawlsianos.[58] O princípio de igualdade das oportunidades impediria qualquer ligação entre o sexo de alguém e os papéis de gênero. A partir disso, surgiria a exigência de igualdade dos sexos.

Esse modelo de justiça se baseia em uma visão abstrata do indivíduo autônomo, todos com os mesmos meios de serem ativos e livres. Portanto, ele não garante a realização efetiva dos direitos. A realidade é bem outra. O contexto no qual evoluímos condiciona em parte as possibilidades de cada um se realizar: as liberdades reais são limitadas pelo gênero mas, também, pela classe social, pela origem étnica, entre outros fatores.[59] O conceito de capacidades proposto por Martha Nussbaum e Amartya Sen permite pensar a emancipação levando em conta a diversidade das civilizações e dos níveis de desenvolvimento, opondo-se ao relativismo do culturalismo pós-moderno que rejeita a ideia de norma universal.[60] As capabilidades são um conjunto de possibilidades, de liberdades de escolha e de agir, fruto de uma combinação entre as capacidades individuais em um dado ambiente político, social e econômico. Elas encarnam uma liberdade fundamental do ser humano, que deve ser respeitada em todos os contextos. A teoria das capabilidades abre uma via para um feminismo universalista capaz de defender os direitos das mulheres e a igualdade em contextos culturais diferentes.[61] Ao contrário de Sen, Nussbaum define o caráter universal dos direitos, listando as capabilidades mais essenciais. Essa abordagem reduz a influência da tradição ancorada no poder masculino sobre a

---

58 Susan Moller Okin. *Justice, Gender, and the family*, Nova York: Basic Books, 1989.

59 Fabienne Brugère, "Martha Nussbaum ou la démocratie des capabilités", *La vie des idées*, 19 mar. 2013.

60 Em especial, Martha Nussbaum se opõe a Judith Butler: Martha C. Nussbaum, "The Professor of Parody. The Hip Defeatism of Judith Butler", *The New Republic*, 22 fev. 1999.

61 Martha C. Nussbaum, *Women and Human Development. The Capabilities Approach,* Cambridge: Cambridge University Press, 2000.

escolha dos indivíduos e limita o peso do hábito, do medo e do receio sobre a expectativa das mulheres.[62] Ela lista dez capabilidades: a vida, a saúde, a integridade corporal, os sentidos, a imaginação e o pensamento, as emoções (ter apego aos outros), a razão prática, a afiliação (viver para e por intermédio dos outros), as outras espécies (poder viver levando em consideração as outras formas de vida), as atividades lúdicas e o controle sobre o seu meio político e material.[63]

As capabilidades relativas à afiliação e à emoção reverberam outros desenvolvimentos do pensamento feminista em torno da interdependência dos indivíduos e a ética do cuidado [*care*]. A crise sanitária originada na pandemia da Covid-19 evidenciou a centralidade da solidariedade, da atenção e do cuidado com os outros. Nenhum ser humano se basta a si mesmo, e as relações humanas não podem ser compreendidas unicamente em função de uma análise custo-benefício. É forçoso constatar que a economia se construiu, ao menos em parte, deixando de lado a dimensão de interdependência dos indivíduos e de suas vulnerabilidades. A visão neoliberal do *homo œconomicus*, indivíduo empreendedor de si mesmo, não aborda o trabalho de atenção e cuidado aos outros, resumido pelo conceito do *care*, que pode ser mercantil ou não. Cuidar dos outros, desenvolver o sentimento de responsabilidade em relação ao bem-estar dos outros é importante e a justiça não pode ignorá-lo. A ética do cuidado abre essa via.[64] No que essa questão é feminista? Dado que são, sobretudo, as mulheres que fazem o trabalho do cuidado, e em geral

---

[62] Martha Nussbaum dá o exemplo de Vasanti que, durante anos, sofreu violências do marido e das quais conseguiu se livrar. Vasanti tomou uma súbita consciência de que as violências agrediam sua integridade física, sendo que, por muito tempo, tinha pensado que isso fazia parte do devir das mulheres. O universalismo mostra que esse "acomodamento" com a violência sofrida não é justo. Não se enxergar como cidadã que tem dignidade e valor iguais aos dos outros é contrário à ideia de justiça. Martha C. Nussbaum. *op. cit.*

[63] Martha C. Nussbaum, "Capabilities as Fundamental Entitlements. Sen and Justice Social", in Bina Agarwal, Jane Humphries e Ingrid Robeyns (eds.), *Capabilities, Freedom, and Equality, Amartya Sen's Work from a Gender Perspective*, Oxford University Press, 2006.

[64] Para uma análise completa da ética do *care* e de suas múltiplas facetas, ver Fabienne Brugère, *L'Éthique du "care"*.

mulheres pobres e migrantes, a falta de reconhecimento social e econômico dessas profissões está diretamente ligada à questão das desigualdades profissionais. De modo mais geral, devido à divisão sexual do trabalho, a experiência social das mulheres pode conduzi-las a ter um outro olhar sobre os disfuncionamentos das nossas sociedades e a expressar outra palavra que não a da racionalidade mercantil; as trocas humanas assumem múltiplas formas. Não se trata de cair no essencialismo, pois as mulheres não são detentoras dessa moral, os homens estão em uma situação que os leva a considerar essa perspectiva. Além disso, nem todas as mulheres aderem a essa visão, pois a experiência social delas se aproxima da dos homens da mesma categoria social.

Por fim, o cruzamento entre perspectiva feminista e questão ambiental cresce no debate público na medida em que se toma consciência da urgência ecológica. No entanto, tais estudos não são novos: no fim dos anos 1970, Françoise d'Eaubonne publica um livro fundamental que compara a questão de igualdade dos sexos com a da ecologia.[65] Nele, a autora denuncia de modo radical um capitalismo patriarcal sedento de crescimento econômico destruidor para o planeta, que ela qualifica de *sistema macho*. É preciso, então, ouvir a voz das mulheres, cujo papel é determinante para mudar de paradigma e passar a um modelo de decrescimento econômico e a um controle da demografia. No entanto, o ecofeminismo não se resume a essa abordagem, pois também encontra raízes no feminismo marxista, liberal e pós-colonial. Assim, do mesmo modo que o feminismo é multiforme, existem vários tipos de ecofeminismo, porém, todos eles partem da constatação de que a dominação masculina, que se exerce contra as mulheres, está ligada à dominação que os humanos exercem sobre a natureza. As origens dessa dupla dominação provocam controvérsias.[66] Uma abordagem his-

---

[65] Françoise d'Eaubonne, Écologie/féminisme. *Révolution ou mutation?* Paris: Éditions Actualité Temps Présent, 1978. Françoise D'Eaubonne é considerada fundadora do ecofeminismo.

[66] Karen J. Warren, "Ecological Feminist Philosophies: An Overview of the Issues", in *Ecological Feminist Philosophies*, Bloomington (Ind.): Indiana University Press, 1996.

tórica identifica a revolução industrial do século XIX como um ponto de convergência entre a exploração da natureza e das mulheres, é mais antiga. Uma abordagem conceitual leva a questionar os valores ocidentais fundamentados em um binarismo hierarquizado que coloca de um lado o masculino, a razão, o progresso, a técnica e, do outro, o feminino, a emoção, o corpo, a natureza. Essa dicotomia remete ao conceito de *valência diferencial dos sexos* de Françoise Héritier. Dessa perspectiva nasce um ecofeminismo cultural que se aproxima das problemáticas da ética do *care*. Esse ecofeminismo flerta com o essencialismo quando invoca as qualidades femininas e que permitem às mulheres estabelecer uma conexão especial com a natureza. Uma abordagem empírica destaca a experiência específica das mulheres que, devido à divisão sexual do trabalho, observam todos os dias os efeitos nefastos da poluição e das mudanças climáticas sobre a saúde (das crianças, das pessoas frágeis, entre outras). As mulheres dos povos indígenas ou as das minorias, em geral pobres, se organizam em movimentos que lutam pelo reconhecimento dos direitos ecológicos e pela defesa do meio ambiente.[67] Daí deriva um ecofeminismo pragmático que denuncia uma terceira forma de domínio: a originada na colonização. Trata-se então de criticar a opressão multiforme que se exerce sobre as mulheres desses países pobres. Na verdade, elas são as mais afetadas pelas catástrofes ecológicas (secas, furacões, inundações, etc.) que reduzem os recursos aos quais elas têm acesso para alimentar as pessoas das quais são encarregadas. As mulheres são as primeiras vítimas porque têm menor mobilidade, menos recursos do que os homens para fugir e estão menos preparadas (em caso de inundação, dificilmente escapam do afogamento, pois a maioria não aprendeu a nadar). Por fim, as mulheres e as crianças (meninas e meninos) correm quatorze vezes mais risco de morrer do que

---

[67] Ver o dossiê "Práticas ecofeministas: corpo, saberes e mobilizações" coordenado por Marlène Benquet e Geneviève Pruvost, *Travail, genre et sociétés*, v. 42, n. 2, 2019. Ver também Vandana Shiva, *Staying Alive: Women, Ecology and Survival in India*, Nova Delhi/Londres: Kali for Women/Zed Books Ltda., 1988.

os homens em consequência de uma catástrofe climática.[68] A articulação entre feminismo e ecologia é um pré-requisito para a compreensão do efeito dessas catástrofes ecológicas na população. De uma maneira global, ela permite abrir novas alternativas para a melhoria das nossas sociedades. Resta saber se trata de construir um feminismo respeitoso ao meio ambiente ou de propor uma ecologia sensível à igualdade de sexos em vez de apenas à igualdade entre as diferentes categorias sociais.[69] Algumas práticas ecológicas, como a reciclagem e a preparação de produtos caseiros em vez de industriais, aumentam o tempo de trabalho doméstico, o que pode reforçar as desigualdades entre as mulheres e os homens se não houver atenção a isso. Em maior escala, a ecologia do decrescimento leva ao retorno de parte da produção de bens e serviços para a família. À mercê das normas de gênero, a organização do trabalho poderia se revelar contrária à igualdade de sexos.

Nessa profusão de análises e teorias produzidas pelo feminismo, um fio condutor permite, se não defini-lo, pelo menos circunscrevê-lo: o reconhecimento do caráter sistêmico da desigualdade entre os sexos, seja recusando a hierarquia entre masculino e feminino, seja recusando a *doxa* essencialista que recoloca incessantemente o papel da natureza ou da biologia para justificar a ordem sexuada.

---

68 *Gender and Disasters*, Nova York: Bureau for Crisis Prevention and Recovery, United Nations Development Programme, out. 2010.

69 Cathérine Larrère, "L'écoféminisme: féminisme écologique ou écologie féministe", *Tracés, Revue de sciences humaines*, n. 22, p. 105-121, 2012.

PARTE DOIS

ALÉM DO HOMEM ECONÔMICO

Capítulo 3

AS CRÍTICAS FEMINISTAS DA ECONOMIA

A economia não pode ser imune aos questionamentos relativos à justiça social. A versão imperialista do modelo econômico neoclássico pretende escapar do tema, porém, ao fazer do livre-mercado o modo de regulação das sociedades, tal versão veicula um pressuposto neoliberal normativo que não diz seu nome (capítulo 1). As reflexões em matéria de justiça e de ética influenciam todas as etapas da abordagem científica.[1] Nessa fase do enunciado, uma reflexão pré-científica é necessária para colocar as perguntas que nos interessam: o que queremos saber?[2] A metodologia de pesquisa começa pela escolha das ferramentas teóricas e a coleta dos dados, em seguida a interpretação dos resultados. Os pesquisadores devem comentar os achados, que não falam por si só, para tirar suas conclusões ou até sugerir recomendações. Por fim, a última etapa consiste em divulgar esses estudos e integrá-los no debate público; trata-se de mostrar para que vão servir esses resultados. Uma vez que é inútil buscar se desvincular de uma visão normativa e se libertar totalmente de um viés cognitivo, somente a transparência e

---

1 As décadas de estudos feministas em filosofia das ciências mostraram que a esfera científica em geral não poderia ser indiferente à ética e à política. A economia não é exceção. Stéphanie Ruphy, "Rôle des valeurs en science: contribution de la philosophie feministe des sciences", Écologie & Politique, vol. 51, n° 2, p. 41-54, 2015.

2 "Metaphysical propositions also provide a quarry from which hypotheses can be drawn. They do not belong to the realm of science and yet they are necessary to it. Without them we would not know", ["Proposições metafísicas também fornecem uma pedra na qual hipóteses podem ser esculpidas. Mesmo que não pertençam ao campo da ciência, são necessárias a ela. Sem elas, não aprenderíamos"], Joan Robinson, *Economic Philosophy, op. cit.* p. 3 Ver também Joseph Schumpeter, *op. cit.*

a diversidade das posturas podem garantir o caráter científico do *corpus* de conhecimentos produzidos.[3]

Ao se afirmarem feministas, economistas postulam a igualdade dos sexos e a luta contra as discriminações como um objetivo que a análise econômica deve levar em consideração. Essa postura modifica as perguntas feitas e a maneira de fazê-las, mas permanece rigorosa e científica. Os resultados das pesquisas desenvolvidas não são conhecidos *a priori*. A economia feminista abre novas temáticas que não foram exploradas por economistas antifeministas (aquelas e aqueles que não são favoráveis à igualdade ou que acham que as desigualdades são imutáveis porque estão ancoradas no biológico) ou a-feministas (aquelas e aqueles que não dão nenhuma importância à questão da igualdade). A abordagem feminista questiona a pertinência dos contextos teóricos que não foram pensados para responder ao desafio da igualdade. Assim, é possível estimular as controvérsias tanto no plano teórico quanto no empírico. A conversa científica que resulta da diversidade das abordagens normativas trata dos objetivos que queremos atingir e debate a maneira pela qual podemos alcançá-los com eficácia: queremos realmente a igualdade entre mulheres e homens? Se esse for o caso, que políticas permitiriam reduzir as desigualdades entre os sexos, bem como as desigualdades decorrentes do cruzamento de diferentes formas de opressão? Como medir as desigualdades e identificar as que resultam de processos discriminatórios?

Logo, o feminismo não introduz um viés ideológico, apenas revela os vieses sexistas e androcentrados que afetam a economia. Na verdade, o contexto social e cultural no qual emerge a disciplina não é favorável à igualdade dos sexos nem aos direitos das mulheres. Os valores aos quais aderiram os primeiros economistas e seus sucessores são aqueles

---

3 "In my opinion as scholars we can all aid this quest [for thruth] by making our values clear to our readers", ["Em minha opinião de pesquisadora, todos nós podemos auxiliar nessa busca (pela verdade) ao tornar nossos valores claros para os leitores"], Francine D. Blau, "On the Role of Values in Feminist Scholarship", *Signs Journal of Women in Culture and Society*, v. 6, n. 3, p. 538-540, 1981.

do seu tempo. Essa característica não é exclusiva dos economistas,[4] mas eles não escapam. Dado que as mulheres não eram admitidas nesse círculo fechado, a ordem sexuada vigente era tida como natural, ou pouco questionada. A maioria dos economistas, portanto, integraram essa visão como um dado externo ao funcionamento econômico das nossas sociedades, até mesmo como um fato da natureza.

Os homens do seu tempo

O mundo patriarcal moldou o pensamento dos primeiros economistas. Seus tratados de economia política estão marcados pelas normas, pelos costumes e pelas crenças da época na qual evoluíram. Em *A riqueza das nações*,[5] Adam Smith evidencia o papel central da divisão de trabalho no processo de enriquecimento dos países. O fato de cada indivíduo se especializar em uma atividade leva a uma divisão social do trabalho. Smith não faz referência ao caráter sexuado dessa divisão do trabalho: o padeiro, o açougueiro e o cervejeiro produzem e vendem respectivamente pão, carne e cerveja, mas e aquelas que preparam as refeições deles, cuidam dos filhos e mantêm a casa? Smith não fala delas porque define o trabalho produtivo como sendo aquele que substitui ou aumenta o capital físico, isto é, o que produz bens. Os serviços, como o trabalho doméstico, sendo imateriais, são considerados improdutivos.[6] Não existe juízo de valor nessa distinção entre trabalho produtivo e trabalho não produtivo, mas a visão o leva a ocultar uma parte importante do processo de produção de riquezas, o que as feministas vão chamar posteriormente de trabalho reprodutivo, sem o qual o trabalho

---

4 Ver, principalmente, Delphine Gardey e Ilana Löwy (orgs.) *Les Sciences et la fabrication du féminin et du masculin*, Paris: Éditions des Archives Contemporaines, 2000.

5 Adam Smith, *An Inquiry into the Nature and Causes of the Wealth of Nations* [1776], New York (N. Y.), Bantam Classic, 2003. [Ed. bras.: *A riqueza das nações: uma investigação sobre a natureza e as causas da riqueza das nações*, Rio de Janeiro: Nova Fronteira, 2017].

6 A justiça, o exército e a cultura também são classificados como atividades não produtivas, ibid, cap. 3, livro II, p. 423.

produtivo seria impossível (capítulo 2). O padeiro, o açougueiro e o cervejeiro não agem por benevolência, mas por interesse pessoal.[7] Mas que sentimentos levam a esposa, a mãe ou a filha a realizar as tarefas familiares e domésticas? Será que elas agem por interesse próprio? Com certeza, não. O espaço familiar precisa ser um lugar de solidariedade, de harmonia e de ajuda mútua, conforme descreve Smith em *Teoria dos sentimentos morais*.[8] O interesse pessoal é o motor da ação humana no mercado, mas não é um sentimento desejável na família.[9] É assim que Smith enuncia a dicotomia entre espaço público – o do mercado e do egoísmo – e espaço privado – o da família e dos sentimentos morais. A maior parte dos economistas clássicos via nisso a justificativa de uma ordem sexuada já existente: os homens eram associados à esfera do mercado e as mulheres encerradas na esfera doméstica.[10] Como o mercado era considerado a única instituição de intercâmbio e produção, o trabalho doméstico e familiar, que não era mercantil, não era levado em consideração. O salário deveria permitir ao trabalhador prover suas necessidades e das pessoas que dependem dele, a fim de assegurar a reprodução da força de trabalho. Mas a sociedade patriarcal estabelece que o homem controla os recursos do lar por ser o chefe da família; portanto, seu salário deve assim garantir o cumprimento desse encargo.[11] Por outro lado, os homens celibatários podem trabalhar por um salário

---

7 "It is not from the benevolence of the butcher, the brewer, or the baker that we expect our dinner, but from their regard to their own interest." ["Não é à benevolência do açougueiro, do cervejeiro ou do padeiro que devemos nosso jantar, mas à preocupação deles com seus próprios interesses."] *ibid*.

8 "Com que prazer olhamos para uma família, onde reina o amor e a estima recíprocos, em que pais e filhos são companheiros um do outro, sem outra diferença senão o que é feito por afeição respeitosa de um lado, e gentil indulgência do outro." Adam Smith, *The Theory of Moral Sentiments*, 1759. [Ed. bras.: *Teoria dos sentimentos morais*, São Paulo: WMF Martins Fontes, 2015].

9 Nancy Folbre, *The Invisible Heart. Economics and Family Values*, Nova York: The New Press, p. 9, 2001.

10 Michèle A. Pujol, *Feminism and Anti-Feminism in early Economic Thought*, Cheltenham: Edward Elgar Publishing, 1992.

11 "O homem deve sempre viver do seu trabalho e seu salário deve ser, ao menos, suficiente para o manter. Deve, mesmo assim, na maioria dos casos, tentar ser algo mais; ou será impossível para ele criar uma família, e esse tipo de trabalhador não deve durar mais que a primeira geração." Adam Smith, *An Inquiry into the Nature and Causes of the Wealth of Nations*, op. cit., p. 96.

menor do que os pais de família,[12] assim como as mulheres, pois eram em parte sustentadas pelo cônjuge.[13]

O século XIX abre uma nova era, a era de uma democracia balbuciante que molda uma cidadania da qual as mulheres estão excluídas (capítulo 2). Esse é o século dos valores puritanos que irrigam toda a sociedade. É também o século de uma dupla revolução: darwiniana, de um lado, e industrial, do outro. A primeira levou a naturalizar a dominação masculina apoiando-se em bases científicas: as mulheres seriam inferiores aos homens por natureza. Os trabalhos médicos contribuíram para reforçar essas crenças, sobretudo em se tratando da incapacidade das mulheres em racionalizar e pôr suas paixões de lado diante da razão.[14] A segunda revolução desestabilizou a organização societal, porque levou a um êxodo rural e impôs uma nova ordem social separando fisicamente o lugar de trabalho (a fábrica) do lugar de habitação para uma parte dos trabalhadores. Os economistas vivem nesse ambiente e suas teses são marcadas por um essencialismo que lhes parece não apenas evidente, como também cientificamente fundamentado. Nesse contexto, a maior parte dos economistas liberais encara as desigualdades entre os sexos como fruto da diferença dos sexos e veem a emancipação econômica das mulheres pelo trabalho como uma perversão da sociedade moderna. Só o trabalho da operária é condenado; o da camponesa, da doméstica, ou ainda o trabalho em domicílio (ainda comum no século XIX) são perfeitamente aceitos. Na sessão de 5 de julho de

---

12 "Um homem que não tem mulher, nem filhos, pode oferecer o seu trabalho a um preço melhor do que outro que é marido e pai." Jean-Baptiste Say, Livro II, *Traité d'économie politique*, 1803. [Ed. bras.: *Tratado de economia política*, São Paulo: Nova Cultural, 1986]. Jean-Baptiste Say (1767-1832), economista francês.

13 "Isso pode se aplicar a todos as tarefas das mulheres. Em geral, são mal pagas porque grande parte delas é sustentada de outro modo além do seu trabalho e podem pôr em circulação o tipo de ocupações de que são capazes, abaixo do preço que fixaria a extensão das suas necessidades." Idem.

14 Jean-Christophe Coffin, "Sexe, hérédité et pathologies. Hypothèses, certitudes et interrogations de la médecine mentale, 1850-1890", Delphine Gardey e Ilana Löwy (orgs.). *op. cit.*, p. 159-186.

1884 da Sociedade de Economia Política,[15] uma sociedade científica de sensibilidade liberal, esses senhores[16] se interrogaram:

> Onde a mulher, do ponto de vista econômico, está mais bem colocada, no lar ou em uma fábrica?

Depois de algumas discussões, a conclusão foi definitiva:

> Sob todos os aspectos e sem contestação possível, o verdadeiro lugar da mulher é no lar, isto é, na família. É ali que ela tem todo o seu valor, que ela é tudo o que deve ser e dá tudo o que deve dar.

O trabalho operário das mulheres casadas com filhos pequenos era acusado de fragilizar a ordem social. Entre os economistas liberais favoráveis ao livre-mercado e a uma intervenção limitada do Estado, alguns pregavam uma legislação específica para enquadrar o trabalho das mulheres.[17] Em vários países, as leis eram votadas nesse sentido: proibição do trabalho no fundo das minas e do trabalho noturno. As discussões não tratam do trabalho árduo do qual deveriam proteger as mulheres, as justificativas se baseiam nas considerações morais: convém limitar a promiscuidade entre os sexos, causadoras de devassidão, e garantir o funcionamento da família, pois quem cuidará do lar se a mulher trabalhar de tarde e à noite?[18]

---

[15] "A Sociedade de Economia Política é uma das mais antigas sociedades científicas da França: fundada em 1842 pelos discípulos de Jean-Baptiste Say com objetivo de oferecer um espaço para o debate econômico, então especialmente agitado, por causa, sobretudo, das polêmicas sobre o livre-comércio", ver o site da SEP: https://www.societedeconomiepolitique.org/page/772380-presentation
Acesso em janeiro de 2023.

[16] A sessão foi presidida por Léon Say (1826-1896, neto de Jean-Baptiste Say). Dela participaram Jules Simon (1814-1896), Frédéric Passy (1822-1912) e Émile Cheysson (1836-1916).

[17] Nathalie Le Bouteillec e Loïc Charles, "'Les écomistes' e 'La Cité des femmes': le débat théorique sur accès des femmes au marché du travail (1850-1914)". Congresso Internacional das Pesquisas Feministas na Francofonia (CIRFF, na sigla em francês), 2018.

[18] Sylvie Schweitzer, *Les femmes ont toujours travaillé. Une histoire du travail des femmes aux XIXe et XXe siècles*, Paris: Odile Jacob, 2002.

Nesse cenário patriarcal, John Stuart Mill é uma exceção.[19] Ele põe a liberdade individual acima do princípio de utilidade. Essa liberdade só pode ser objeto de uma limitação se levar a um grande dano social. Ora, segundo Mill, a questão social que se baseia no trabalho das mães não serve para justificar uma restrição do princípio de liberdade. Ao contrário, o respeito da liberdade de escolha levará a que as mulheres escolham o casamento e a maternidade com total conhecimento de causa; elas optarão livremente pelo trabalho doméstico e familiar sem que seja preciso forçá-las a isso. Mill pensa na igualdade dos sexos na esfera pública (igualdade de acesso à educação, ao emprego em todos os campos, ao direito de voto), mas não pode concebê-la na organização da família, pois exigiria um investimento dos homens na esfera doméstica, solução que ele não admite.[20] Isso tem, em parte, a ver com o fato de que ele considera, assim como Smith, que o trabalho doméstico e familiar é improdutivo e tem dificuldade em integrá-lo na sua análise econômica.[21] No entanto, o seu feminismo contrasta com a visão essencialista e paternalista da maioria dos seus contemporâneos. Stanley Jevons, embora favorável ao direito de voto das mulheres, não vê outra saída além de enquadrar o trabalho das que são casadas e têm filhos pequenos, em nome do interesse coletivo. O direito dos filhos a serem amamentados, segundo ele, prevalece ao das mulheres de decidir seu destino.[22] O trabalho da operária alteraria o seu instinto maternal, levaria a aumentar a mortalidade infantil e seria origem da desagregação

---

19 Também devemos ler Henry Fawcett e suas posições feministas e liberais, assim como sua companheira Millicent Fawcett.

20 Ver o prefácio de Sylvie Schweitzer em John Stuart Mill, *L'Asservissement des femmes*, Paris, Payot, 2005. [Ed. bras.: *A sujeição das mulheres*, São Paulo: Almedina, 2006].

21 Para uma análise das diferenças de considerações do trabalho familiar entre John Stuart Mill e William Stanley Jevons, consultar Virginie Gouverneur, "A Reexamination of John Stuart Mill's and William Stanley Jevon's Analyses of Unpaid Domestic Work: What Prevents its Inclusion within the Production Boundary", *History of Political Economy*, vol. 50, n° 2, p. 345-371, 2018.

22 Stanley William Jevons, "Married Women in Factories", *The Contemporary Review*, n° 41, p. 37-53, 1882.

da sociedade.²³ Mesmo o aumento da renda familiar, constituído pelo salário da mulher, não era visto por ele com bons olhos, pois levaria à degeneração da classe operária, que não saberia gastá-lo de modo sensato.²⁴ Jevons considera que o trabalho familiar e doméstico é produtivo, mas só pode ser realizado pela mãe da família. E não deve ser transferido para fora do ambiente familiar (em creches, por exemplo). A total devoção das mulheres à família é motivada pelo amor instintivo que as levaria naturalmente a se dedicar aos seus familiares, contrastando, assim, com o egoísmo do *homo œconomicus*. Alfred Marshall retoma essa ideia e vê nessa função de maternagem das mulheres um pilar do equilíbrio entre o capital e o trabalho. Nessa perspectiva, as mulheres não podem ser racionais, e a sustentabilidade do capitalismo depende disso: o seu altruísmo e sua ternura inata levam-nas a permanecer no lugar que lhe indicam, garantindo, assim, a reprodução da força de trabalho.²⁵ Enquanto Mill explicita a articulação que feita entre os princípios de utilidade e os princípios de justiça e de respeito à liberdade das mulheres, Jevons defende o argumento de utilidade e eficácia em detrimento da justiça. O seu raciocínio, no entanto, não é neutro, pois é marcado por um essencialismo que prega a liberdade

---

23 "The excessive mortality of Salford or Nottingham, we see, is not due alone to the bad sanitary condition of the courts and streets, for like infant mortality makes its appearance in the most rural parts. We have, in fact, a true and complete induction, poiting to the employment of women away from their homes as the efficient cause of their children's decadence", ["A mortalidade excessiva em Salford ou em Notingham, percebe-se, não se deve apenas às condições sanitárias de pátios e ruas, pois mortalidade infantil similar também ocorre na maioria das zonas rurais. Temos, na verdade, um real e completo entendimento que aponta para o trabalho de mulheres longe de suas casas como causa importante do perecimento de seus filhos."] William Stanley Jevons "Married Women in Factories", in *Methods of Social Reform and Other Papers*, Londres: Macmillan, 1883, p. 156-179, p. 164.

24 Virginie Gouverneur, "Mill versus Jevons on Tradicional Sexual Division of Labour: Is Gender Equality Efficient?", *The European Journal of the History of Economical Thought*, vol. 20, n° 5, p. 741-775, 2013.

25 "O mais importante de todos os capitais é aquele investido no ser humano. E a parte mais valiosa desse capital é resultado do cuidado e da influência da mãe. Desde que ela mantenha seu carinho e seu instinto altruísta, que não tenha sido endurecido pelo estresse do trabalho masculino". Alfred Marshall, *Principles of Economics*, Livre VI, 1890, capítulo IV, p. 11. Alfred Marshall (1842-1924), economista inglês.

de trabalhar para os homens[26] e impossibilita o trabalho das mulheres, consideradas como futuras mães, guiadas por um instinto maternal.

O institucionalismo das origens também é marcado por concepções divergentes sobre o lugar das mulheres na sociedade e a possibilidade de emancipação. Como a maior parte dos homens do seu tempo, John Commons vê a família como uma instituição estabilizadora, na qual a mulher tem o encargo da dimensão afetiva e o homem é o provedor de recursos.[27] Nesse cenário, o trabalho das mulheres não é desejável e o salário só pode ser uma ajuda secundária para a renda do casal. O trabalho das mulheres concorre com o dos homens, o que reduz os salários, gerando vantagens aos empregadores. Portanto, isso vai contra o capitalismo social que Commons defende. Por outro lado, Veblen é um feminista convicto que critica o funcionamento da família e do patriarcado. Denuncia a divisão sexual do trabalho entre casais, que, segundo ele, constitui a perpetuação do *modelo bárbaro*. O feminismo de Veblen ocupa um lugar central na sua teoria econômica e lhe confere uma posição singular na história do pensamento econômico.[28] Mais do que um engajamento pessoal, ele faz do seu feminismo um eixo da mudança social e econômica, o que radicaliza sua crítica do capitalismo em relação à de Commons. Os indivíduos desejam ter bens, não para a sua utilidade e com o objetivo de satisfazer uma necessidade, mas para uma ótica de competição fundamentada no acúmulo de riquezas. Logo, o desejo de enriquecer não pode nunca ser saciado, porque

---

26 "It is important, therefore, to maintain a man's right to do whatever kind of work he can get. It is one of the first and the most necessary rights of a labourer to labour in any honest way he finds most profitable for himself. Labour must be free" ["É importante, pois, manter o direito de um homem fazer qualquer tipo de trabalho que ele possa conseguir. Um dos primeiros e mais básicos direitos de um trabalhador é trabalhar de maneira honesta e que ele considere mais lucrativa para si. O trabalho deve ser livre"], William Stanley Jevons, *Political Economy*, Londres: Macmillan, p. 42, [1905] 1878.

27 Tanto a sua mãe quanto a esposa desistiram da carreira para se consagrar à família. Pierre Broda, "L'Institution de la famille. Un nouveau motif de séparation entre Commons et Veblen", *Revue économique*, vol. 65, n° 2, p. 279-197, 2014.

28 Ann Jennings, "Veblen's Feminism in Historical Perspective", in Warren J. Samuels (ed.), *The Founding of Institutional Economics: The Leisure Class and Sovereignty*, Londres/Nova York: Routledge, 1998, p. 201-233.

é relativo.[29] O consumo é um sinal distintivo da classe social à qual pertencemos ou desejamos pertencer, o que Veblen chama de consumo ostentatório.[30] A organização sexuada da família desempenha um papel-chave nessa busca de distinção social: as mulheres são submissas e equiparadas a bens móveis, *chattels*. Veblen formula uma teoria econômica do vestido: ele considera que as roupas são a perfeita ilustração do consumo desnecessário que os indivíduos querem adquirir por desejo de mostrar que estão na moda. O vestido é um marcador social para as mulheres e, por delegação, para os maridos. Também é um instrumento de sujeição que atrapalha os movimentos e as impede de ter acesso a algumas ocupações. A ociosidade de uma mulher, cujo vestido é um sinal visível, é uma maneira ostentatória de o marido exibir seu status social: ele tem condições de manter a esposa no lar, se diferenciando, assim, da classe operária.[31]

Por fim, uma palavra sobre Keynes, cujo engajamento em favor dos direitos das mulheres não deixa dúvidas, como mostra a sua participação ao lado, sobretudo, de Virginia Woolf, do grupo Bloomsbury, círculo de artistas e intelectuais que denunciava os valores conservadores e a moral sexual da sociedade vitoriana.[32] Nos passos de John Stuart Mill, Keynes via nas leis que regiam o casamento e a contracepção freios à emancipação das mulheres, *a mais intolerável das tiranias*.[33] As reflexões em torno do controle de natalidade constituem uma questão econômica cujo cerne é

---

29 Thorstein Veblen, *The Theory of the Leisure Class, An Economic Study of Institutions*, Nova York: Macmillan, 1899.

30 Nota-se que é sempre possível considerar que se trata da satisfação de uma necessidade, a de se posicionar socialmente. Por esse motivo, tal comportamento não é necessariamente contrário ao *do homo economicus*. Esse conceito, aliás, é, hoje em dia, apresentado nos manuais de microeconomia como um comportamento atípico do consumidor neoclássico: um bem chamado de "efeito Veblen" vê sua demanda aumentar com seu preço. Ver, por exemplo, Etiènne Wasmer, *Principe de microéconomie. Méthodes empiriques et théories modernes*. Paris: Pearson, 2010. No entanto, Veblen iria se revirar no túmulo se soubesse estar sendo ensinado em um ambiente teórico ao qual ele se opôs desde a primeira hora.

31 Thorstein Veblen, "The economic Theory of Woman's Dress", *The Popular Science Monthly*, n. 46, p. 198-206, 1894.

32 Gilles Dostaler, *Keynes et ses combats*, Paris: Albin Michel p. 65, 2009.

33 John Maynard Keynes, "Suis-je un libéral?" (1924), *La Pauvreté dans l'abondance*, Paris: Gallimard p. 24-25, [1924] 2002.

o tamanho da população, mas não podem, segundo ele, estarem dissociadas das questões relativas à liberdade das mulheres. Keynes também faz referência à condição econômica das mulheres e à possibilidade de reconhecer, por meio de um *salário familiar*, o trabalho não remunerado que realizam em casa. No entanto, ele permanece enigmático sobre esse ponto. Por fim, menciona a questão feminista nas suas alocuções, mas não a formaliza nos seus trabalhos.

O neoliberalismo e a diferença dos sexos

Para os primeiros neoclássicos, o *homo œconomicus* é um homem. A mulher não é guiada pelo egoísmo nem pela busca do seu interesse pessoal, e sim pelo altruísmo e pela empatia. Trata-se de um pré-requisito para a ordem social, mulheres e homens devem assumir seu respectivo papel para garantir o bom funcionamento do mercado e, de maneira global, do capitalismo. Contudo, o cenário neoclássico renovado não vê as coisas assim: os indivíduos, independentemente do sexo, são considerados livres para agir como bem entenderem, e suas preferências são reveladas por seus atos, graças aos mecanismos de mercado. O livre-mercado cria, portanto, a ordem social e agencia as escolhas, e resultado disso é o estabelecimento da divisão sexual do trabalho. Nesse cenário, como explicar as desigualdades socioeconômicas e as discriminações?

Para Gary Becker, a participação das mulheres no mercado de trabalho difere da dos homens porque elas têm uma vantagem comparativa em relação à produção doméstica.[34] O modelo teórico de decisões intrafamiliares de Becker se apoia em um funcionamento do lar supostamente harmonioso. Ele retoma por sua conta a dicotomia de Adam Smith,

---

34 O indivíduo tem interesse em se especializar na atividade (trabalho mercantil ou trabalho doméstico) na qual ele tem maior vantagem relativamente ao cônjuge ou a mais fraca desvantagem. Assim, se os dois mebros do casal são igualmente produtivos no trabalho remunerado (ou seja, têm o mesmo salário), mas o homem é menos produtivo no trabalho doméstico do que a mulher, então o casal tem interesse em se especializar, a mulher se dedicando integralmente ao trabalho doméstico e o homem ao trabalho remunerado. Gary S. Becker, *A Treatise on the Family*, Cambridge (Massachusetts): Harvard University Press [1981], 1991.

segundo a qual o egoísmo individual na esfera pública é compensado por um altruísmo na família. Disso ele deduz que as arbitragens em matéria da organização do trabalho em um lar são feitas por um déspota condescendente que maximiza uma função de utilidade comum a todos os membros.[35] Os membros de uma família reúnem seus recursos e compartilham as despesas. A concepção idealizada do funcionamento da família de Becker levou-o a desprezar hipóteses neoclássicas padrão, que exigem que cada indivíduo saiba melhor do que ninguém o que é bom para si donde decorre que a função de utilidade só pode ser individual.[36] Becker não defende a organização patriarcal, mas nega a sua existência. O modelo supõe que a alocação do tempo dos indivíduos é fruto de uma decisão cuja eficácia é medida em função dos mecanismos do mercado. Tal abordagem afasta as dificuldades da vida real, deixando de lado os problemas de dominação e coordenação no centro da família, e também a regulação social do tempo pelas instituições. Quando os economistas do fim do século XIX pregaram o enquadramento do trabalho das mulheres, em especial daquelas que tinham filhos pequenos, ou convidaram a limitar o acesso delas à educação de modo que não fossem tentadas a seguir uma carreira, não fizeram mais do que propor instituições para resolver um problema de coordenação, e o fizeram em detrimento da emancipação das mulheres.[37]

O modelo beckeriano advoga que os casais devem se especializar para serem eficazes: o homem investindo na sua carreira, e a mulher, nas tarefas domésticas e familiares. A conclusão se apoia em certa con-

---

35 Gary S. Becker enuncia um dos seus teoremas mais famosos, o teorema da criança mimada, que diz que cada membro da família, por mais egoísta que seja, assume os efeitos de suas ações sobre os outros membros e tem interesse de agir de modo a maximizar a renda total da família, a fim de aproveitar melhor as redistribuições intrafamiliares. *Ibid*, p. 288.

36 Ver, por exemplo, Anne Bustreel, "La rationalité de la non-spécialisation dans les ménages. Une rupture avec la théorie beckériene", *Revue Économique*, v. 52, n. 6, p. 1157-1183, 2001. Pierre-André Chiappori, "Collective Labor Supply and Welfare", *Journal of Political Economy*, v. 100, n. 3, p. 521-565, 1992.

37 Nancy Folbre, "A Theory of the Misallocation of Time", in Nancy Folbre e Michael Bittman (eds.). *Family Time. The Social Organization of Care*, Londres: Routledge, 2004.

figuração das respectivas produtividades das mulheres e dos homens na produção mercantil e doméstica. É possível facilmente admitir que, quando um dos membros do casal cuida de lavar a roupa com certa frequência, ele ou ela o faz melhor do que o cônjuge, o que leva a reforçar a divisão do trabalho nos casais. A eficiência da divisão técnica do trabalho foi teorizada por Adam Smith dois séculos antes de Becker. Mas por que o cuidado com as roupas sempre cabe às mulheres? De forma mais ampla, por que a divisão do trabalho é sexual? Para explicar, Becker se baseia em argumentos biológicos e postula a complementaridade dos sexos.[38] Ele chega a afirmar que os casais do mesmo sexo são menos eficientes do que os casais heterossexuais, pois não podem ter o benefício dessa complementaridade.[39] Becker interpreta a articulação entre biologia e interações sociais como um comportamento racional diante das expectativas sociais.[40] Ele distingue as crianças que têm orientações "normais", quer dizer, as que tomam decisões de acordo com as que lhes confere seu sexo, das crianças "desviantes", aquelas que não agem assim (por exemplo, as meninas que optam por uma via profissional masculina). Intencionalmente provocador, Becker não faz

---

38 "Since the biological natures of men and women differ, the assumption that the time of men are perfect substitutes even at a rate different from unity is not realistic. Indeed, their times are complements in sexual enjoyment, the production of children, and possibly other commodities produced by the household." ["Uma vez que as naturezas biológicas de homens e mulheres diferem entre si, o pressuposto de que o tempo de homens e mulheres é intercambiável, mesmo em uma taxa distinta, não é realista. De fato, seus tempos são complementares na satisfação sexual, na geração de filhos e possivelmente em outros produtos gerados no âmbito familiar."]. Gary S. Becker, *op. cit.*, p. 39.

39 De modo geral, Becker faz referência aos lares compostos de pessoas do mesmo sexo: "Complementarity implies that households with men and women are more efficient than households with only one sex..." ["A complementaridade pressupõe que as famílias com homens e mulheres sejam mais eficientes do que aquelas com apenas um sexo..."], *ibid*, p. 39.

40 "In this manner investments in children with "normal" orientation reinforce their biology, and they become specialized to the usual sexual division of labor. Investments in "deviant" children, on the other hand, conflict with their biology, and the net outcome for them is not certain", ["Desta forma, os investimentos em crianças com orientação 'normal' reforçam sua constituição biológica, e elas se tornam especializadas para a divisão sexual do trabalho. Os investimentos em crianças "desviantes", por outro lado, entram em conflito com a constituição biológica, e o resultado para elas não é garantido."] *ibid*, p. 41.

juízo de valor na oposição entre o comportamento "normal", ou seja, o mais frequente, e o comportamento "desviantes". De certa maneira, ele descreve o papel das normas de gênero, mas não enxerga nelas uma fonte de discriminação contra as mulheres, nem uma forma de dominação,[41] e nesse ponto que se esconde o seu juízo de valor: Becker avalia que a injunção social derivada das normas de gênero não altera a liberdade individual.

As reflexões em torno das desigualdades de salários e suas possíveis justificativas não aguardaram os trabalhos de Gary Becker sobre as discriminações.[42] A novidade reside na compreensão dos mecanismos discriminatórios em função das forças do mercado. Becker se debruça em uma visão restritiva da discriminação: ela é comprovada quando pessoas dotadas de uma produtividade real ou potencial equivalente são tratadas (remuneradas, contratadas ou promovidas) diferentemente, com base no seu pertencimento a categorias tais como sexo ou origem étnica.[43] As discriminações são exógenas e resultam das preferências racistas ou sexistas dos agentes (empregadores, trabalhadores e consumidores), que os levam a não contratar mulheres ou pessoas pertencentes a minorias étnicas.

---

41 "Note that in this analysis parents and society are not irrational, nor do they willingly discriminate against deviants. Rather, they respond rationally and without discrimination in the face of imperfect information about the biological constitutions of children and the much greater incidence of normal constitutions. Deviant investments would presumably be more common if deviant biology were more common or if it were revealed at younger ages" ["Observe que, nessa análise, os pais e a sociedade não são irracionais nem pretendem discriminar as crianças destoantes. Em vez disso, reagem racionalmente e sem discriminação diante da informação imperfeita sobre as constituições biológicas dos filhos e da incidência muito maior de constituições normais. Presume-se que os investimentos destoantes seriam mais comuns caso a constituição biológica destoante fosse mais comum ou caso ela fosse revelada em crianças pequenas"], ibid, p. 41.

42 Consultar, por exemplo, Millicent G. Fawcett, "Equal Pay for Equal Work", *The Economic Journal*, v. 28, n. 109, 1918, p. 1-6; Francis Y. Edgeworth, "Equal Pay to Men and Women for Equal Work", *The Economic Journal*, v. 32, n. 128, p. 431-457.

43 Gary S. Becker, *The Economics of Discrimination*, Chicago: University of Chicago Press, [1957] 1971. O modelo de Becker trata de discriminações relativas à origem étnica e não das relativas ao sexo. As discriminações emergem de preferências específicas dos empregadores racistas que não desejam contratar negros, ou de trabalhadores que não os querem como colegas, ou, ainda, de consumidores que não desejam consumir bens produzidos por eles.

Consequentemente, o salário é diferente da produtividade marginal do trabalhador. Essa discrepância do funcionamento normal do mercado leva *in fine* a um ajustamento pela concorrência. Se existe discriminação, os empregadores sexistas pagam o preço, pois se obrigam a contratar homens, sendo que poderiam empregar mulheres igualmente produtivas por um custo menor. Menos lucrativos do que os concorrentes, os empregadores acabam por desaparecer. Assim, o mercado põe fim às discriminações, desde que seu funcionamento não seja travado por dispositivos jurídicos que, embora portadores de um ideal de igualdade, se revelam contraproducentes. Milton Friedman, por exemplo, afirma que as leis que constrangem o mercado do trabalho obrigando o respeito ao princípio "para trabalhos iguais, salários iguais", são antifeministas.[44] Para ele, ao obrigar os empregadores a remunerar igualmente mulheres e homens, prejudicamos as mulheres, já que elas são impedidas de mostrar o seu valor, pois não serão recrutadas, e o empregador que discrimina não pagará pelo custo do seu sexismo. Nessa perspectiva neoliberal, as desigualdades que persistem em um ambiente de livre concorrência não resultam de um comportamento discriminatório, mas de uma diferença de produtividade entre os sexos, portanto, não há nenhuma razão para combatê-las (outras análises econômicas de discriminação serão analisadas no capítulo 5).

Na mesma linha, Becker explica que não há nenhuma razão para impedir os casais de escolherem o sexo dos filhos usando o aborto seletivo.[45] Segundo ele, em um país como os Estados Unidos, a preferência de um sexo pelo outro não é desequilibrada e nada justifica impedir a liberdade dos pais, privando-os da possibilidade de escolher o sexo de seus filhos, se ela existir. A possibilidade simplesmente levará a redistribuir o sexo dos filhos nas famílias de acordo com a preferência dos pais.

---

[44] Milton Friedman. "Case Against Equal Pay for Equal Work." Disponível em: https://www.youtube.com/watch?v=hsIpQ7YguGE. Acesso em janeiro de 2023.

[45] Gary S. Becker, "Sex Selection", 12 de fevereiro de 2007, in Gary S. Becker e Richard A. Posner, *Uncommon Sense. Economic Insights, from Marriage to Terrorism*, Chicago: University of Chicago Press, 2009, p. 31. Ver também Gary S. Becker, *A Treatise on the Family, op. cit.*, 1981.

No entanto, estudos empíricos recentes mostraram, ao contrário, que a preferência dos pais por meninos persistia nos Estados Unidos.[46] Nos países em que a preferência pelos meninos levaria a um desequilíbrio da razão mulheres/homens, Becker vê no aborto seletivo uma chance para as meninas: ao dar aos pais a possibilidade de escolher o sexo de seus descendentes, teremos certeza de que as meninas serão bem tratadas e bem-educadas, o que não aconteceria se fossem obrigados a criar uma menina.[47] A longo prazo, o desequilíbrio da *sex ratio* [razão sexual] é uma vantagem para as mulheres: elas se tornam raras no mercado matrimonial e veem seu poder de negociação aumentar. Por consequência, os pais vão perceber que ter uma filha pode ser vantajoso. A reviravolta das preferências levará a reequilibrar, ao menos em parte, a *sex ratio*. Esse mecanismo bem lubrificado da oferta e da procura não passa de preconceito em matéria de justiça. Por trás de uma retórica aparentemente neutra, Becker mascara princípios normativos que pertencem à teoria da livre concorrência. A recusa em reconhecê-los como tal é o próprio espírito do neoliberalismo. Em uma sociedade na qual as normas familiares e a dominação masculina são dessa ordem, como poderia ser benéfico para as mulheres o fato dos casais rejeitarem o nascimento de meninas? A legalização do aborto seletivo não está, por exemplo, de acordo com a ideia de justiça no sentido das capabilidades. Entre as capabilidades humanas centrais, Martha Nussbaum cita a vida, entendida como a possibilidade de viver, de não morrer prematuramente e de não ser considerada sem direito à vida.[48] Evidentemente, não se trata de retomar a discussão sobre legalização do aborto, que constitui um direito fundamental das mulhe-

---

46 Gordon B. Dahl e Enrico Moretti, "The Demand for Sons", *The Review of Economic Studies*, vol. 75, nº 4, p. 1085-1120, 2008.

47 "Sex-selected abortions against girls would improve rather than worsen the average treatment of girls since parents would be happier with the girls they have than if they had girls who were not really wanted." ["Em vez de piorar, os abortos seletivos melhoram o tratamento médio dado às meninas, uma vez que os pais se sentem mais felizes com as meninas que têm do que se tivessem outras que não houvessem sido realmente desejadas."] Gary S. Becker e Richard A. Posner, op. cit.

48 Martha C. Nussbaum, *Women and Human Development. The Capabilities Approach*, op. cit.

res em ter controle sobre o seu corpo. Os abortos seletivos não têm como objetivo permitir às mulheres renunciar a uma gravidez indesejada, mas dar a possibilidade aos casais de evitar ter uma filha mulher. Amartya Sen qualifica essa prática de sexismo *high-tech*.

O cenário neoclássico analisa a maneira pela qual as decisões individuais levam a diferentes situações e, às vezes, a desigualdades, o que lhe confere um poder explicativo inegável, mas se mostra incapaz de explicar seu caráter sexual. Os economistas neoliberais levam o modelo neoclássico até o limite da lógica individualista, ao negar a dimensão social e política das desigualdades entre os sexos.

As abordagens feministas da economia

A abertura da economia ao feminismo ocorreu também do lado do marxismo, já equipado conceitualmente para pensar os mecanismos de opressão. Há muito tempo, feministas mostraram como a questão dos direitos das mulheres e a da igualdade de sexos estava subordinada à luta de classes. Marx e Engels sempre reconheceram a opressão de que as mulheres eram vítimas, mas assimilaram-na a uma consequência da propriedade privada (capítulo 2). Marx não incluiu o trabalho doméstico e, em particular, a educação dos filhos, em sua análise econômica de produção de valor. A economia feminista marxista enfatiza a dominação masculina e sua estreita ligação com o capitalismo. Ela associa a crítica marxista do capitalismo à da dominação dos homens e do não reconhecimento do trabalho doméstico e familiar realizado pelas mulheres. Sem o trabalho reprodutivo, o trabalho produtivo, objeto da análise privilegiada do marxismo, não poderia existir. A brecha aberta pelas feministas se torna considerável no início dos anos 1970.[49] Pesquisadoras se organizam para tornar visível a sua crítica da análi-

---

[49] Análises feministas em economia já haviam sido propostas antes dos anos 1970 de modo esparso, mas, aqui, se trata de publicação de números de revistas especiais visando mostrar de modo organizado e coletivo o interesse da economia feminista.

se econômica interrogando não apenas as ferramentas teóricas, mas, também, as consequências das políticas econômicas originadas desses estudos (sensíveis às desigualdades entre os sexos e ao gênero) sobre as condições de vida das mulheres. Em 1972, a revista de economia política *Review of Radical Political Economics*[50] reuniu pesquisas sobre "a economia política das mulheres" em uma perspectiva feminista assumida:

> Por sermos feministas, insistimos que a definição de economia política para as mulheres seja tão ampla quanto nossa experiência de vida.[51]

A publicação incluía análises críticas das teorias neoclássicas, cujas hipóteses levavam a justificar as disparidades salariais entre os sexos por diferenças de produtividade. Também reunia artigos dedicados ao trabalho mercantil e doméstico realizado pelas mulheres. Em 1980, um quarto número especial dessa revista teve por objetivo introduzir o "gênero" como categoria social, questão política ou, ainda, conceito teórico em economia. A nova abordagem permitiu passar da análise da situação econômica e social das mulheres à do gênero como articulação entre os papéis sociais atribuídos às mulheres e aos homens e as consequências dessas normas sociais sobre a situação econômica e social dos dois sexos.

Embora todas as escolas de pensamento, em graus diversos, tenham passado pelo crivo da crítica feminista, a escola neoclássica foi particularmente denunciada por sua posição dominante mas, também, por suas hipóteses que davam pouco espaço às relações sociais e, portanto, às relações sociais entre os sexos. A postura neoclássica positiva, ao recusar reconhecer uma hierarquia entre diversos *Optima* [plural latino de Ótimo], faz o jogo de posições conservadoras em matéria de

---

50 Revista associada à Union for Radical Political Economics (URPE).

51 Sarah Diamant, Jean Rosenberg e Susan Graetz, ["Because we are feminists we have insisted that the definition of political economics for women be as broad as our life experience."] "Note", *Review of Radical Political Economics*, vol. 4, n° 3, p. i, 1972.

justiça redistributiva e também de dominação. O critério de Pareto não permite decidir entre várias situações nas quais não é possível melhorar a situação de um indivíduo sem degradar a de outro (capítulo 1). Isso decorre da hipótese que não é possível comparar os níveis de utilidade individuais, pois o *homo œconomicus* não pode dar provas de empatia. Somos capazes de nos pôr no lugar dos outros para identificar as pessoas que sofrem mais do que outras. As desigualdades entre os sexos podem ser "Ótimas" do ponto de vista da *eficiência de Pareto*, mas não deixam de ser injustas.[52] Do ponto de vista empírico, o aumento salarial das mulheres constituiu um verdadeiro desafio para a economia do trabalho neoclássico. A longo prazo, o modelo padrão prediz que o aumento dos salários reais é acompanhado de uma redução da oferta de trabalho: partindo de um certo nível de salário, se o salário por hora aumenta, os trabalhadores preferem reduzir o tempo de trabalho e manter o mesmo nível de renda.[53] A duração do trabalho semanal dos homens efetivamente diminuiu com o aumento dos seus salários reais. Em compensação, o aumento da participação das mulheres no mercado de trabalho concomitante à elevação dos níveis de salário real contradiz as predições do modelo a longo prazo.[54] O *homo œconomicus* é

---

52 Paula England, "Separative and Soluble Selves: Dichotomous Thinking in Economics", in Marianne A. Ferber e Julie A. Nelson (eds.), *Feminist Economics Today. Beyond Economic Man*, op.cit., p. 33-60.

53 De modo geral, o modelo não permite concluir quanto à reação da oferta de trabalho diante de um aumento dos níveis de salário. Nesse modelo, um aumento dos níveis de salário leva o trabalhador a reduzir sua oferta de trabalho e conservar a mesma renda, substituindo, assim, o trabalho pelo lazer (efeito de substituição), mas também é tentado a aumentar a sua oferta de trabalho, pois o montante de salário ao qual ele renuncia se não trabalhar aumenta (efeito renda). A representação do tipo *backward bending* da curva de oferta de trabalho supõe que, a partir de um certo nível de salário, o efeito renda prevaleça sobre o efeito substituição.

54 Jacob Mincer (1922-2006) registra o caráter multifatorial do fenômeno: "My study even attempted some simple statistical illustrations of how these various dynamic factors may have contributed to the inflow of wives into the labor force. But it did not attempt to set up a rigorous analytical model, because the factors seemed too numerous, the relationships among them too complex and changing, and their statistical measurement too inadequate to permit us to fit them into any mathematical framework." Jacob Mincer, "Labor Force Participation of Married Women: A study of Labor Supply" ["Meu estudo até tentou oferecer um exemplo estatístico simples de como esses vários fatores dinâmicos podem ter contribuído para a inclusão das esposas na força de trabalho. No entanto, o estudo não pretendia es-

um celibatário isolado sem interação com as pessoas em volta e que não presta atenção ao seu status no espaço social. Acontece que o trabalho não é apenas uma atividade desagradável à qual nos dobramos para poder consumir, mas é, também, uma fonte de emancipação e reconhecimento social. Para responder às várias críticas dirigidas ao modelo neoclássico, novos desenvolvimentos teóricos surgiram nesse paradigma. A economia feminista neoclássica adapta o cenário analítico pensado para os homens sem considerar a igualdade e enfatiza a emancipação econômica das mulheres. Deirdre McCloskey reivindica um feminismo liberal e individualista: ela não aceita a associação sistemática do feminismo com a crítica ao capitalismo.[55] A racionalidade econômica e a liberdade individual não são privilégio dos homens. Trata-se de aplicar o *homo œconomicus* às questões feministas, contestando a sua versão ingênua e irrealista, pois nem os homens nem as mulheres se comportam maximizando sua função de utilidade sob coação.[56] O modelo neoclássico é aplicado a questões feministas. Essa reapropriação da microeconomia passa a ser colocada a serviço da promoção da

---

tabelecer um modelo analítico rigoroso, pois os fatores pareciam numerosos demais, as relações entre eles, complexas e dinâmicas demais, e as medições estatísticas, inadequadas demais para nos permitir encaixá-los em qualquer arcabouço matemático"], in National Bureau Commitee for Economic Research, *Aspects of Labor Economics*, Princeton: Princeton University Press, 1962, p. 63-105.

55 Ela se descreve como "literary, quantitative, postmodern, free-market, progressive, Episcopalian, Midwestern woman from Boston who was once a man. Not "conservative"! [...] a Christian libertarian." ["uma mulher literária, quantitativa, pós-moderna, adepta do livre-mercado, progressista, episcopal, do centro-oeste, oriunda de Boston, que já foi um homem. Não "conservadora"! [...] uma libertária cristã."] Ver a sua entrevista no site Quillette, *Reflections on My Decision to Change Gender*, em novembro de 2019. A história pessoal de Deirdre McCloskey é singular: ela começou sua carreira como economista na Universidade de Chicago. Em 1995 decidiu mudar de sexo. Ela narra a sua surpresa quando se viu rejeitada e posta no ostracismo por alguns de seus colegas que, devido à postura liberal e até mesmo libertária, acreditava que não se importariam com a sua transição. Ela percebeu a vastidão da literatura feminista e a importância que essa perspectiva deveria ter na economia. Ao se tornar mulher, ela disse ver a sua experiência social mudar e os seus questionamentos como economista se deslocarem para uma compreensão das discriminações e das desigualdades.

56 "Women act in the economy and in science like men but no in ways that leaves gender outside the science." ["Na economia e na ciência, as mulheres atuam como os homens, mas não de uma maneira que deixa o gênero de fora da ciência."], Deirdre McCloskey, "Other Things Equal. Free-Market Feminism 101", *Eastern Economic Journal*, vol. 26, nº 3, p. 363-365, 2000.

igualdade dos sexos.[57] O modelo familiar do déspota benevolente de Becker foi rejeitado em favor de modelos que permitiam analisar as relações de poder entre os membros da família (capítulo 5). Os avanços nem sempre foram motivados por um engajamento feminista, também são fruto da insatisfação com o modelo proposto por Becker, tanto do ponto de vista teórico quanto empírico.[58]

A economia neoinstitucionalista (capítulo 1) oferece um quadro teórico de análise útil ao feminismo para analisar as discriminações (capítulo 5). Também se trata de responder aos desafios gerados pela organização dos serviços de cuidados das pessoas dependentes (filhos, pessoas idosas, entre outros), sem se basear no altruísmo e na empatia supostamente inerentes às mulheres. Durante muito tempo, esse trabalho foi realizado pelas mulheres no seio da família por meio de um contrato implícito de gênero. O aumento das atividades das mulheres levou a uma mudança de regime: hoje esse trabalho ainda é, certamente, realizado sobretudo por mulheres, mas, na maioria das vezes, sob a forma contratual de emprego remunerado. Esse setor é especial, pois a oferta de cuidado se baseia em uma relação interpessoal, e a qualidade depende da estabilidade das relações entre a pessoa que cuida e a que recebe os cuidados. O custo desse serviço, que depende principalmente dos salários pagos, levanta ao mesmo tempo uma questão feminista (igualdade salarial e possibilidade de externalizar essas tarefas) e, também, econômica, já que são serviços indispensáveis. Uma abordagem neoinstitucionalista e feminista sugere alternativas para pensar em

---

57 Siv S. Gustafsson, "Half the Power, Half the Income and Half the Glory, the Use of Microeconomic Theory in Women's Emancipation Research", *The Economist*, vol. 139, n° 4, p. 515-529, 1991. Deirdre McCloskey, "Some Consequences of a Conjective Economics", in: Marianne A. Ferber e Julie A. Nelson (eds), *Beyond Economic Man, Feminist Theory and Economics*, op. cit., p. 69-93. Shoshana Grossbard, "The New Home Economics at Columbia and Chicago", in Shoshana Grossbard (ed.), *Jacob Mincer. A Pioneer of Modern Labor Economics*, Nova York: Springer, 2006.

58 No plano teórico, a hipótese do déspota benevolente, que maximiza uma função de utilidade comum aos membros de um mesmo lar, não está de acordo com o individualismo metodológico do quadro neoclássico. No plano empírico, os estudos mostram que a hipótese de união dos recursos em um casal é rejeitada pelos dados estatísticos.

políticas públicas que garantam um nível de remuneração e uma socialização do custo do *care*. Nos Estados Unidos, trata-se de promover políticas de articulação entre a vida familiar e a vida profissional (licenças dos pais e acolhida dos filhos pequenos) que são quase inexistentes.[59] Na Europa, trata-se de criar condições para uma divisão do cuidado entre mulheres e homens. O objetivo feminista é, portanto, o de coordenar as decisões individuais e intrafamiliares com a responsabilidade coletiva do cuidado em uma perspectiva de igualdade.

A abordagem institucionalista feminista recusa em bloco a perspectiva neoclássica e também não se satisfaz com o marxismo (capítulo 1). Enquanto o marxismo e o neoclassicismo integram a questão feminista de modo *ad hoc*, o institucionalismo feminista é fruto da fusão epistemológica entre os dois campos: feminismo e institucionalismo.[60] Ele não considera o indivíduo como um átomo isolado na física social do mercado, mas sim como um cidadão com direitos e deveres, liberdades e vulnerabilidades. Essa percepção das relações entre indivíduos permite compreender a emergência de status diferenciados que se concretizam por ocasião de transações econômicas.[61] O institucionalismo oferece um quadro analítico adaptado à compreensão da dominação, da opressão e do impacto das normas de gênero sobre as ações dos indivíduos.[62] As decisões individuais (como a de trabalhar) não são apenas fruto de gostos pessoais, mas se integram em um contexto cultural e histórico. A injunção de se ocupar dos vulneráveis, que é dirigida às mulheres, orienta, em parte, o comportamento delas na família e também a escolha da própria formação, carreira, do percurso profis-

---

59 Paula England e Nancy Folbre, "Contracting for Care", in Marianne A. Ferber e Julie A. Nelson (eds) *Feminist Economics Today, Beyond Economic Man, op. cit.*, p. 61-80.

60 William Waller e Ann Jennings, "On the Possibility of a Feminist Economics: The Convergence of Institutional and Feminist Methodology", *Journal of Economic Issues*, vol. 24, n° 2, p. 613-622, 1990.

61 Thortein Veblen, "Why is Economics not an Evolutionary Science?", *The Quaterly Journal of Economics*, vol. 12, n° 4, p. 373-397, 1898.

62 Sylvie Morel, "Pour une 'fertilisation croisée' entre l'institutionnalisme et le feminisme", *Nouvelles Questions Féministes*, vol. 26, n° 2, p. 12-28, 2007.

sional etc. O institucionalismo também permite mostrar o caráter de gênero das políticas públicas. Por exemplo, as que regulam a pobreza são acompanhadas de códigos de cidadania e participação social, no sentido de que cada indivíduo tem direitos e deveres: o direito de receber uma ajuda e o dever de ser útil à coletividade. A natureza dessas obrigações varia de acordo com o sexo e o status familiar de cada um. Por um longo período, o papel de mãe no lar dispensou as mulheres, que recebiam benefícios sociais mínimos, de buscar um emprego, sendo que os homens estavam sujeitos a essa obrigação, de acordo com o seu papel de provedor de recursos da família.[63] Enquanto a perspectiva neoclássica se interessa pela oferta de trabalho e constata diferenças entre mulheres e homens, o institucionalismo permite compreender mais amplamente as diferenças de comportamentos ao levar em conta as transformações da cidadania social relacionadas ao gênero.

As abordagens feministas da economia se relacionam a diferentes paradigmas, outras atravessam a área para além das escolas de pensamento existentes. A abordagem construcionista, por exemplo, abre um diálogo epistemológico entre economia e feminismo. Trata-se de enriquecer a economia com reflexões originadas nas teorias feministas. Embora essa abordagem rejeite o postulado essencialista que atribui, apoiando-se em bases biológicas, a masculinidade aos homens e a feminilidade às mulheres, ela denuncia o viés da hegemonia dos valores masculinos. Isso leva os trabalhos dos economistas a valorizar as características culturais admitidas como sendo masculinas, tais como a autonomia, a lógica, a abstração e a racionalidade, em detrimento das características julgadas femininas como o altruísmo, a sensibilidade e a atenção ao próximo. Os sentimentos ditos "femininos" também devem irrigar o pensamento dos economistas de modo a responder aos desafios aos quais são confrontadas nossas sociedades fragmentadas,

---

[63] Hélène Périvier: "La logique sexuée de la réciprocité dans l'assistance", *Revue de l'OFCE* (Observatório Francês das Conjunturas Econômicas, na sigla em francês), vol. 114, n° 3, p. 27-263, 2010.

envelhecidas e desiguais.[64] Não se trata de excluí-las, mas o desafio é desconectá-las do sexo. Os debates dentro do feminismo acerca da construção social do sexo e o papel dessa binariedade se repetem no interior da economia. Trata-se de desmontar a influência das normas de gênero nas sociedades e de atacar assim as raízes das desigualdades entre os sexos (capítulo 2).

A economia feminista aplicada se apoia na explosão da economia empírica (capítulo 1). Ela se serve dos desenvolvimentos da econometria para medir as desigualdades socioeconômicas e as discriminações que sofrem as mulheres, bem como outras categorias marginalizadas, como a comunidade LGBTQIA+ e as pessoas que sofrem preconceito étnico e racial.[65] O desafio empírico também consiste em quantificar as desigualdades socioeconômicas e as discriminações cruzadas em uma perspectiva interseccional. A produção de estatísticas confiáveis e adequadas é um desafio maior para a economia feminista.[66] As pesquisas sobre "uso do tempo" realizadas em diversos países permitiram estimar o valor do trabalho doméstico e familiar. Na França, esse trabalho representa em torno de um terço do produto interno bruto (PIB).[67] Além disso, uma abundante literatura avalia o estado das desigualdades profissionais, quer se trate de discrepân-

---

64 "Economics could be improved by an exploration of feminine-positive ways of knowing and being and the excising of masculine-negative perversions of the choice of subject and scholarly method." ["A economia poderia ser melhorada por meio de uma exploração das formas feminino-positivas de conhecer e de ser e da erradicação das perversões masculino-negativas na escolha de tema e método acadêmicos."] Julie A. Nelson, "Gender, Metaphor, and the Definition of Economics", *Economics and Philosophy*, vol. 8, nº 1, p. 103-125, 1992.

65 Ver, por exemplo, Lee M.V. Badgett e Jefferson Frank (orgs), *Sexual Orientation Discrimination: An International Perspective, op. cit.*

66 Sophie Ponthieux, *L'Information statistique sexuée dans la statistique publique: état des lieux et pistes de réflection*, Relatório INSEE (Instituto Nacional de Estatística e Estudos Econômicos, na sigla em francês) para a ministra dos Direitos das Mulheres, out. 2013. Karin Schönpflug, Christine M. Klapeer, Roswitha Hofmann e Sandra Müllbacher, "If Queers Were Counted: An Inquiry into European Socioeconomic Data on LGB(TI)Qs", *Feminist Economics*, vol. 24, nº 4, p. 1-30, 2018.

67 Delphine Roy, "Le travail domestique: 60 milliards d'heures en 2010", *Insee Première*, nº 1423, 2012.

cia de salários, do 'teto de vidro' ou de discriminação.[68] O conceito de *child penalty* [penalidade devido ao filho], ilustra a perda de salário que sofrem as mulheres depois da chegada de um filho, todas as demais condições igualmente mantidas.[69] As políticas da articulação "vida familiar *versus* vida profissional" são avaliadas por meio de técnicas que permitem identificar seus efeitos sobre o comportamento de oferta de trabalho dos pais (capítulo 5). No nível macroeconômico, os trabalhos mostram que os ciclos econômicos afetam de modo diferente a situação das mulheres e a dos homens devido às desigualdades estruturais. A grande recessão de 2008 afetou mais o emprego dos homens, pois atingiu especialmente os setores econômicos nos quais eles são mais presentes (sobretudo na construção e na indústria). Em compensação, as políticas de austeridade afetaram bastante o emprego das mulheres e suas condições de trabalho, reduzindo o emprego no setor público, nos quais elas têm maior participação[70] e *corpus* de trabalhos empíricos permite compreender melhor os mecanismos geradores de desigualdades e a maneira como podemos combatê-los.[71]

A exemplo dos debates que animam o feminismo e a economia, a economia feminista é também plural.[72] Ela não pode ser limitada a um

---

68 Dominique Meurs e Pierre Pora, "Égalité professionnelle entre les femmes et les hommes en France: une lente convergence freinée par les maternités", Économie et Statistique, vol. 510-511-512, p. 109-130, 2019. Laurent Gobillon, Dominique Meurs e Sébastien Roux, "Estimating Gender Differences in Access to Jobs", *Journal of Labor Economics*, vol. 33, n° 2, p. 317-363, 2015.

69 Henrik Jacobsen Kleven, Camille Landais e Jakob Egholt Søgaard, "Children and Gender Inequality: Evidence from Denmark", *American Economic Journal: Applied Economics*, vol. 11, n° 4, p. 181-209, 2019. Dominique Meurs, Ariane Pailhé e Sophie Ponthieux, "Child-related Career Interruptions and the Gender Wage Gap in France", *Annales d'économie et de statistiques*, n° 99-100, p. 15-46, 2010.

70 Jill Rubery (ed.) *Women and Recession*, Londres: Routledge, [1988] 2010. Maria Karamessinie Jill Rubery (eds.), *Women and Austerity. The Economic Crisis and the Future for Gender Equality*, Londres: Routledge, 2014. Anne Eydoux, Antoine Math e Hélène Périvier (orgs.), "European Labour Markets in Times of Crisis. A Gender Perspective", *Revue de l'OFCE*, n° 133, 2014.

71 Para uma revisão da literatura econômica, consultar Sophie Ponthieux e Dominique Meurs, "Gender Inequality", Anthony B. Atkinson e François Bourguignon (orgs.). *Handbook of Income Distribution*, Oxford/ Amsterdã: Elsevier, p. 981-1146, 2015.

72 Para conhecer outra maneira de analisar conjuntamente as teorias feminista e econômica, consultar Marianne A. Ferber e Julie A. Nelson, "The Social Construction of Economics and Social Construction of Gender", *Beyond Economic Man. Feminist Theory and Economics*, op. cit., p. 1-22.

único paradigma científico enquanto tal. Em especial, ela não se apoia em uma adesão a um conjunto de ferramentas teóricas e empíricas. Ela não se resume a uma oposição à escola neoclássica. É fato que uma parte das economistas feministas reivindica esse pertencimento à heterodoxia e associam a crítica feminista à crítica do capitalismo e do individualismo. No entanto, outros assumem um feminismo neoclássico e afirmam sua adesão ao liberalismo. Assim, a classificação da economia feminista como economia heterodoxa resulta de incompreensão dos desafios epistemológicos suscitados pelo próprio campo.

A institucionalização da economia feminista ao longo dos anos 1990 produziu um impulso potencialmente transformador para a área. Porém, ao fazer da economia feminista um ramo da disciplina, há o risco de ver a discussão científica ocorrer apenas entre feministas. Os antifeministas e as a-feministas não são interpelados. A economia do gênero se desenvolve de maneira mais transversal do que a economia feminista e parece ser mais consensual. Certamente, é mais fácil se afirmar "economista estudioso do gênero" do que economista feminista. No entanto, o gênero comporta uma dimensão radical, mas, como destacam Iana Löwy e Hélène Rouch,

> [...] parece necessário ser feminista para saber (e afirmar) que o gênero designa uma relação de dominação entre os sexos, portanto, um antagonismo que exige uma mudança radical da sociedade para ser resolvido.[73]

Esvaziado da sua dimensão subversiva, o gênero pode levar vantagem sobre a abordagem feminista. Talvez devêssemos nos *afastar do gênero*, como sugere Geneviève Fraisse, para nos centrar na dinâmica de emancipação e trazer à tona as resistências e *a maneira como os sexos fazem a história*.[74]

---

[73] Ilana Löwy e Hélène Rouch, *op. cit.*

[74] Geneviève Fraisse, À côté du genre. *Sexe et philosophie de l'égalité*, Lormond: Le Bord de l'eau, 2010.

Capítulo 4

SEXO E GÊNERO DA ECONOMIA

Em maio de 2019, a revista *Sciences humaines* publicou um número especial intitulado *Les 100 penseurs de l'économie* [Os 100 pensadores da economia]. Desde Aristóteles, apenas quatro mulheres teriam dado contribuições essenciais ao pensamento econômico: Rosa Luxembourg, Joan Robinson, Elinor Ostrom, primeira mulher a receber o prêmio Nobel de Economia (em 2009), e Esther Duflo, que o recebeu em 2019. Sem necessariamente alcançar a paridade, várias mulheres poderiam ter sido acrescentadas a essa lista. O espaço oferecido às mulheres no campo da ciência econômica é um elemento-chave para compreender o processo de institucionalização da economia feminista. Elas são não somente pouco numerosas na história do pensamento econômico, mas também muitas vezes menosprezadas: seja porque foram percebidas apenas como simples vulgarizadoras do pensamento dos economistas homens que marcaram o seu tempo, seja porque atuaram como meras colaboradoras ou porque somente assim foram identificadas. A contribuição daquelas que foram casadas com economistas foi reduzida à valorização dos trabalhos dos geniais maridos, deixando de lado sua própria produção científica. Essa evolução entre vulgarizadoras, cônjuges e pioneiras descreve o espaço das possibilidades permitidas às mulheres de fazer ouvir a sua voz enquanto economistas. Em compensação, isso não descreve necessariamente a sua real contribuição à construção da disciplina que, em geral, é superior ao reconhecimento que lhes é concedido. Ao prestarmos atenção ao lugar das mulheres na história do pensamento econômico, constatamos que sempre estiveram presentes, mas que tudo foi mais difícil para elas. Tendo um acesso limitado à instrução, um pai ou um marido autoritário, consideradas pela sociedade como menos racionais, menos inteligentes, desprovidas de direitos políticos, excluídas das redes oficiais de economistas, elas enveredaram por atalhos cheios de obstáculos. Apesar de tudo, algumas escreveram tratados, teorias e procuraram responder aos desafios do seu tempo. Seus estudos foram julgados como sem importância, pouco conceituais, de pouco rigor, com argumentações insuficientes e fora do campo da economia.

Se nos grandes colóquios internacionais de economia faltam participantes mulheres,[1] aqueles organizados pela International Association for Feminist Economics recebem sistematicamente uma fraca representação de homens. Não há nada de surpreendente nesse fato, pois a maioria de feministas é composta de mulheres. A constatação não exclui que haja homens feministas ou assim tenham sido na história das lutas contra as desigualdades,[2] e tampouco implica que todas as mulheres sejam feministas, longe disso. A sobrerrepresentação de homens na economia foi fonte de vieses de gênero tanto na construção dos conceitos quanto nas temáticas abordadas ou, ainda, na forma de responder a isso, enquanto sua sub-representação na economia feminista é o seu reverso. O predomínio neoclássico na disciplina andou de mãos dadas com uma comunidade masculina pouco preocupada com a ausência de mulheres na profissão, conforme manda o livre-mercado. No início dos anos 1970, Milton Friedman admitiu que existiam discriminações nas universidades, mas, segundo ele, estavam fundamentadas em outros fatores que não o sexo.[3] De acordo

---

[1] Anusha Chari e Paul Goldsmith-Pinkham, "Gender Representation in Economics Across Topics and Time: Evidence from the NBER (National Bureau of Economic Research) Summer Institute", *NBER Working Paper*, n° 23953, 2017.

[2] Ver, por exemplo, Alban Jacquemart, *Les Hommes dans les mouvements féministes. Sociohistoire d'un engagement improbable*, Rennes: Presses Universitaires de Rennes, 2015.

[3] "I have not myself been deeply concerned with the issue of discrimination by sex, but I have been very much concerned with two other issues of discrimination on university campuses: one, between Jew and non-Jew; and second, between different political views, in particular what has come to be called liberal and conservative." ["Eu particularmente não tenho me preocupado muito com a questão da discriminação por sexo, mas me preocupo muito com duas outras questões de discriminação presentes nos *campi* universitários: a primeira, entre judeus e não-judeus; e a segunda, entre diferentes visões políticas, em particular entre as que passaram a ser chamadas de liberal e conservadora."] Milton Friedman, "A Comment on CSWEP", *Journal of Economic Perspectives*, vol. 12, n° 4, p. 197-199, 1998.

com sua abordagem neoliberal, criticou todas as tentativas de promover as candidaturas das mulheres, o que, segundo ele, significaria desviar os fundos da pesquisa para fins ideológicos. No fim dos anos 1990, Friedman estimou que as medidas que visavam aumentar a proporção de mulheres na profissão levaram a reverter a tendência a ponto de as discriminações passarem a desempenhar um papel desfavorável para os homens.[4] No entanto, inúmeros trabalhos mostram que, ainda hoje, as discriminações contra as mulheres persistem na profissão.

As filhas de Adam Smith

Não se trata aqui de esboçar o retrato de todas as mulheres que tiveram importância na história do pensamento econômico, mas apresentar, com alguns exemplos, os processos de desqualificação do seu trabalho, que chega a negar sua contribuição para a construção da disciplina. O fato de a instrução das mulheres ter sido objeto de debates durante todo o século XIX explica, em parte, por que foram historicamente pouco numerosas no setor científico em geral. Apesar das barreiras sociais e jurídicas para o ingresso no ensino superior, mulheres participaram dos debates econômicos de seu tempo desde o surgimento da disciplina, sendo, no entanto, marginalizadas. Os temas que abordaram não bastam para explicar o fato de terem sido postas de lado e invisibilizadas, pois são muitas as que não foram reconhecidas à altura de sua contribuição sobre temas supostamente clássicos da economia. As economistas feministas reabilitaram o pensamento dessas mulheres.[5] Desde os anos 1970, o comitê que acompanha o status das mulheres na profissão de economista da American Economic Association (Com-

---

[4] "The pendulum has probably swung too far so that men are the ones currently being discriminated against." [O pêndulo provavelmente balançou tão longe que atualmente são os homens que sofrem discriminação] *Ibid.*

[5] Bette Polkinghorn e Dorothy Lampen Thomson, *Adam Smith's Daughters*, Cheltenham, Edward Elgar Publishing, 1998. Robert W. Dimand, Mary Ann Dimand e Evelyn L. Forget (orgs.), *A Biographical Dictionary of Women Economists*, Cheltenham: Edward Elgar Publishing, 2000.

mittee on the Status of Women in the Economic Profession [CSWEP]) mantém um painel sobre o avanço das mulheres economistas e resgata o trabalho das mulheres pioneiras.[6]

Jane Marcet (1769-1858) e Harriet Martineau (1802-1876) são reconhecidas como divulgadoras da economia.[7] Ambas publicaram livros de sucesso, destacando os conceitos desenvolvidos por economistas famosos da época (Ricardo,[8] Malthus,[9] Say e Smith). Marcet redigiu um diálogo entre uma governanta e duas jovens para difundir o pensamento da economia política clássica do *laissez-faire* e do utilitarismo que supõe que a busca do interesse individual leva a um maior bem-estar coletivo (capítulo 1). Esses primeiros manuais de economia[10] contribuíram amplamente para a difusão dessa teoria e venderam mais do que os livros de Thomas Malthus e David Ricardo juntos.[11] Jane Marcet conquistou uma legitimidade entre seus contemporâneos. Ela foi a única mulher a integrar, em 1821, o círculo fechado – sobretudo às mulheres – do *Political Economy Club*. Ali esteve ao lado de Malthus e Ricardo, que a respeitavam e com os quais entrou em desacordo sobre a questão da formação de salários e da importância dada à teoria de valor. Suas ideias estavam próximas às de Say. Ela concordou com a teoria da Lei dos Mercados, que diz que a oferta cria a demanda.[12] Say não poupou elogios a ela. Harriet Marti-

---

6 Ver, por exemplo, Bette Polkinghorn, "Jane Marcet: Popularizer of Political Economy", *CSWEP Newsletter*, 1994.

7 Marie-Véronique Wittmann, "Les femmes dans l'histoire de la pensée économique", *Revue Française d'Économie*, vol. 7, n° 3, p. 113-138, 1992.

8 David Ricardo (1772-1823), economista britânico.

9 Thomas Malthus (1798-1834), economista e demógrafo britânico.

10 Jane Marcet, *Conversation on Chemistry*, 1806; *Conversation on Political Economy*, 1816; *Conversation on Natural Philosophy*, 1819.

11 Daniel Dufourt, "Une Étude de cas d'épistemologie politique: la réception de l'oeuvre de Jane Marcet", *Les Cahiers du GREPH* (Grupo de Pesquisa em Epistemologia Política e Histórica, na sigla em francês) n° 3, p. 64-97, 2006.

12 Marie-Véronique Wittmann, *op. cit.*; Daniel Dufourt, *op. cit.*

neau, depois de ler as obras de Marcet, publicou 34 contos ilustrando os princípios de economia política entre 1832 e 1834.[13] Ela descreve, entre outras, a teoria das vantagens comparativas de Ricardo, bem como a teoria do valor-trabalho, que diz que o valor de um bem deve ser determinado pelo valor do trabalho necessário para realizar esse bem. Os trabalhos de Marcet e Martineau contribuíram para a divulgação do pensamento clássico liberal. Embora sendo um crítico da própria doutrina, Keynes reconheceu o papel das duas autoras na divulgação da economia do *laissez-faire*.[14]

Depois dessas pioneiras, vieram as colaboradoras ou ainda aquelas cujos trabalhos não foram identificados como pertencentes à análise econômica. Millicent Fawcett (1847-1929) e Harriet Taylor (1807-1858) foram, ambas, cônjuges de economistas reconhecidos (respectivamente Henry Fawcet[15] e John Stuart Mill) e também feministas liberais engajadas. Em 1870, Millicent Fawcett lançou um manual de economia política.[16] Mais tarde, em 1918, publicou no *The Economic Journal* um texto sobre igualdade salarial no qual ela especificou o princípio "para trabalho igual, salário igual".[17] Quanto a Harriet Taylor, ela produziu inúmeros escritos sobre a liberdade e sobre a questão do status das mulheres.[18] Depois da morte de Taylor, Mill revelou a coautoria de alguns textos com sua companheira, em particular duas obras essen-

---

[13] Reunidos na coletânea de textos *Illustrations of Political Economy*, Londres: Charles Fox, 1832-1834.

[14] John Maynard Keynes, "La fin du laissez-faire", in: *La Pauvreté dans l'abondance*, Paris: Gallimard, 2002, p. 68. Texto extraído de *Essays in Persuasion*, 1931.

[15] Henry Fawcett (1833-1884), economista britânico.

[16] Millicent G. Fawcett, *Political Economy for Beginners*, Londres: Macmillan, 1870. Disponível em: https://archive.org/details/fawcetteconomics00fawcrich/page/n6. Acesso em janeiro de 2023.

[17] Millicent G. Fawcett, "Equal Pay for Equal Work", *The Economic Journal*, vol. 28, n° 109, 1918, p.1-6; *Journal*, vol. 32, n° 128, p. 431-457.

[18] Harriet Taylor, "The Enfranchisement of Women", *Westminster and Foreign Quarterly Review* [1851] 1861.

ciais, *Principles of Political Economy* e *The Subjection of Women*.[19] A confissão não foi suficiente para convencer seus colegas de profissão que, por muito tempo, negaram a participação ativa de Taylor nos trabalhos de Mill. Alguns consideravam os escritos de Taylor medíocres e sem interesse e achavam que Mill a teria associado a seus escritos porque estava apaixonado e devastado com sua morte. Em um livro publicado em 1951,[20] Hayek destacou a estreita colaboração intelectual entre Mill e Taylor, apoiando-se em correspondências e escritos diversos. Pesquisas mais recentes fizeram dela a coautora incontestável de algumas dessas obras, sobretudo as que falavam sobre o feminismo. Como explicar, então, que uma feminista como Taylor não tenha assinado o livro *The Subjection of Women*, que se tornaria determinante na construção do feminismo na Europa? O casal teria decidido deixar de lado a contribuição de Taylor provavelmente por pragmatismo. A grande notoriedade e o reconhecimento de que Mill gozava eram uma garantia da divulgação do pensamento feminista, sendo que a palavra de uma mulher teria desacreditado o texto, limitando, assim, o seu alcance político.[21] Por fim, as convenções sociais e as normas de gênero várias vezes incitaram algumas mulheres a desistir de uma brilhante carreira de economista para se dedicar à do cônjuge. Esse foi o caso de Mary Paley (1850-1944), que, depois de ter se casado com Alfred Marshall, parou de publicar e se dedicou inteiramente ao cônjuge.[22]

---

19 John Stuart Mill, *Principles of Political Economy with some of their Applications to Social Philosophy*, Londres: John W. Parker, 1848; John Stuart Mill, *The Subjection of Women*, Londres: Longmans, Green, Reader & Dyer, 1869.

20 Friedrich Hayek, *John Stuart Mill and Harriet Taylor. Their Correspondence and Subsequent Mariage*, Chicago: The University of Chicago Press, 1951.

21 Françoise Orazi (dir.), *John Stuart Mill et Harriet Taylor. Écrits sur l'égalité des sexes*, Lyon: ENS Éditions, 2014.

22 Ver o capítulo que Keynes dedica a Alfred Marshall na sua obra: John Maynard Keynes, *Essays in Bibliography*, Pickle Partners Publishing, [1933] 2018, p. 195. Ver, também, Nancy Folbre, *Greed Lust and Gender. A History of Economic Ideas*, Oxford: Oxford University Press, 2009, p. 244.

As pesquisas históricas sobre as primeiras mulheres economistas ficaram concentradas no mundo anglófono, sobretudo no Reino Unido e nos Estados Unidos. Um estudo mais profundo sobre a participação das mulheres no pensamento econômico na França (ou em outros países), em uma perspectiva histórica, traria à luz contribuições esquecidas ou negadas. Enquanto aguardamos uma pesquisa aprofundada, já é possível destacar as contribuições de algumas mulheres à disciplina, começando pelos trabalhos de Flora Tristan sobre a condição operária (capítulo 2), e também os de Julie-Victoire Daubié (1824-1874). Esta última publicou obras e textos sobre as condições econômicas e sociais da vida das mulheres, com ênfase na instrução e na necessidade da emancipação econômica. Um dos seus escritos mais importantes, *La femme pauvre au XIXe siècle* (1866),[23] descreve as desigualdades de salários, a regulamentação do trabalho das mulheres e o menor acesso à instrução que limitava as possibilidades de emprego em relação aos homens. "Pobre", aqui, não é apenas sinônimo de "penúria", mesmo que uma atenção importante seja dada à questão da pobreza e da precariedade das mulheres da sua época. A palavra também se refere a outra realidade: as mulheres trabalham em condições que lhes são extremamente desfavoráveis. Como não tinham acesso à formação profissional, foram particularmente afetadas pela mecanização das indústrias têxteis, enquanto os homens conseguiram salários mais altos:

> As máquinas acabaram com o tricô, a costura e a tecelagem à mão que, antes, ocupavam um grande número de mulheres (...). Até para a confecção de roupas, que empregava mais homens do que mulheres, o salário delas é duas ou três vezes menor, por falta de instrução profissional.[24]

---

23 Julie-Victoire Daubié, *La Femme pauvre au XIXe siècle*, 1866. Em 1869, ela enriqueceu a sua análise com uma parte sobre a *Condition morale* e outra sobre a *Condition professionelle*.

24 Julie-Victoire Daubié, *La Femme pauvre au XIXe siècle. Première partie: Condition Économique* [1866] prólogo de Michelle Perrot, prefácio de Agnès Thiercé, tomo I, Paris: Coté-femmes éditions, p. 55-56, 1992.

Julie-Victoire Daubié foi uma das primeiras a apontar o quanto o emprego das mulheres era sensível às crises econômicas que abalavam o século XIX. Embora monográficas e não conceituais, suas análises não são menos econômicas do que as de Paul Leroy-Beaulieu que, na obra *Le travail des femmes au XIXe siècle* (1875), se interessou pelas condições de trabalho das operárias. Aliás, Julie-Victoire Daubié manteve correspondência com ele, além de Mill e ainda com os economistas membros da sociedade de economia. Publicou vários artigos no *Journal des Economistes*.[25] Quando morreu, Pierre Émile Levasseur[26] escreveu no obituário do jornal:

> Participo a morte recente de uma mulher que certamente teria merecido estar entre os membros da Sociedade de Economia Política, se os estatutos da Sociedade autorizassem a admissão de mulheres.

Como um fato excepcional, Clémence Royer (1830-1902) foi convidada a participar da sessão de 5 de maio de 1862 dessa sociedade científica para apresentar seu tratado sobre sistema fiscal, antes de ali ser admitida, embora a título póstumo. Mulher cientista, com interesses múltiplos,[27] foi uma pensadora independente, "quase um homem de gênio", disseram dela.[28] Defendeu o direito à instrução para as mulheres, que considerou como uma prioridade em relação ao direito de voto;[29] também redigiu

---

25 "De l'enseignement secondaire pour les femmes", *Journal des Économistes*, Paris: Guillaumin, 1865. Disponível em: parte 1: https://archive.org/details/s2journaldesco45soci/page/382/mode/1up?view=theater; parte 2: https://archive.org/details/s2journaldesco47soci/page/n389/mode/1up?view=theater; parte 3: https://archive.org/details/s2journaldesco47soci/page/408/mode/1up?view=theater. Acesso em janeiro de 2023.

26 Pierre Émile Levasseur (1828-1911), economista francês.

27 Clémence Royer foi a primeira mulher a traduzir *A origem das espécies*, de Charles Darwin, em 1862. A tradução foi controversa, porque ela tomou liberdades com a interpretação e se deu o direito de comentar a tese de Darwin. Ver Geneviève Fraisse, *Clémence Royer: philosophe et femme de sciences,* Paris: La Découverte, 1985.

28 Afirmação atribuída a Ernest Renan, Thilda Harlor, "Clémence Royer: une savante", *Revue des Deux Mondes*, p. 525-535, 1954.

29 Geneviève Fraisse, *op. cit.*

uma *Théorie de l'impôt, ou La dîme sociale*,[30] obra pela qual recebeu um prêmio por ocasião do Concurso Internacional do Imposto do Cantão de Vaud, em 1860, empate com Pierre-Joseph Proudhon,[31] porém à frente de Léon Walras. Assim como os economistas liberais, Royer retomou o princípio geral de Adam Smith que diz que cada um deve contribuir para o funcionamento do Estado de acordo com a sua capacidade.[32] Também, considerou que convinha limitar o montante do imposto racionalizando as despesas públicas. Porém, ao contrário de seus contemporâneos e se inspirando em John Stuart Mill, Clémence Royer articulou os critérios de utilidade e equidade para justificar a progressividade do imposto de modo a reduzir as desigualdades de renda entre as classes sociais.[33] Defendia um imposto sobre a ociosidade, em especial para taxar quem vivia de renda, o que a levou a se interrogar sobre o status das mulheres inativas. O trabalho doméstico que realizavam produzia uma renda que deveria estar submetida ao imposto, mas ela considerava que a maternidade deveria ser isenta:

> Mas, assim que a mulher se torna mãe, o seu trabalho mais autêntico, maior, mais importante, é a educação dos filhos; e ela faz bem de a eles se dedicar por inteiro, se suas aptidões individuais naturalmente a levam a isso. Portanto, esse trabalho que lhe custa e não lhe dá nada, esse trabalho, inteiramente realizado em benefício da sociedade para a qual ela prepara novos cidadãos úteis, é uma contribuição suficiente. Nenhum homem paga tanto ao Estado, exceto

---

30 Clémence Royer, *Théorie de l'impôt, ou la dîme sociale*, 2 vols, Paris: Guillaumin, 1862.

31 Pierre-Joseph Proudhon (1809-1865), filósofo e economista francês, misógino confesso.

32 "Os cidadãos de todos os Estados deveriam contribuir para a manutenção do governo, tanto quanto possível, em proporção à sua capacidade contributiva, isto é, em proporção à renda que gozam respectivamente, para a sua proteção." Adam Smith, 1776, vol. III, p. 929.

33 Claire Silvant, "Fiscalité et calcul économique au milieu du XIXe siècle français". *Revue d'économie politique*, vol. 120, n° 6, 2010, p. 1015-1304.

quando dá a vida em um campo de batalha. A maternidade é o serviço militar das mulheres.[34]

As contribuições originais de Julie-Victoire Daubié e Clémence Royer nos debates econômicos e sociais da época não são estranhas ao seu sexo. Os avanços teóricos sobre o trabalho e, sobretudo, a instrução das mulheres, são inspirados na sua própria experiência como mulheres em uma sociedade que lhes recusa o direito à emancipação econômica e o acesso ao conhecimento. Julie-Victoire Daubié foi a primeira mulher a obter o *baccalauréat*,[35] em 1861, o que ela conseguiu fazer ao desafiar seus detratores a lhe mostrar a lei que a proibia de realizar o exame. Obteve, assim, ganho de causa. Vencida a primeira barreira, se formou no ensino superior, mas a custo de uma vontade de ferro. Quanto a Clémence Royer, autodidata, instruiu-se ao ler livros da biblioteca de seus patrões, onde era governanta. Nessas condições, como rivalizar com um John Stuart Mill que, estimulado pelo pai, sabia grego e latim aos oito anos?

A classificação do que é e do que não é da competência da economia pode parecer sem interesse, mas revela esse rebaixamento da palavra das mulheres e dos assuntos que elas propuseram na história das ideias e das ciências. Em 1985, na *American Economic Review*, William J. Baumol afirmou que a contribuição das mulheres para a construção da área era insignificante, porque elas sempre se interessaram por assuntos que ele julgava distantes das preocupações da economia tal como a concebia, a saber, "assuntos de mulheres", como o trabalho feminino.[36] Ele apresentou uma minibibliografia composta de alguns artigos

---

34 Clémence Royer, *op. cit.*, p. 286.

35 Exame que se faz no fim do último ano do ensino médio para ingresso na faculdade. Correspondente a uma prova de vestibular. (N.T.)

36 "Even more than today, their topics were predominantly specialized in 'women's issue' of considerable interest in themselves but unrelated to the subjects that were attracting the bulk of the profession." ["Até mais do que hoje, os tópicos eram predominantemente especializados em "questões da mulher" com considerável interesse para elas mesmas, mas não relacionados aos assuntos que atraíam o grosso da profissão."] William J. Baumol, "On Method in U.S. Economics a Century Earlier", *American Economic Review*, vol. 75, n° 6, p. 1-12, 1985. William J. Baumol (1922-2017), economista estadunidense.

publicados por mulheres entre 1904 e 1926, que tomou o cuidado de separar da sua bibliografia final.[37] Assim, ele pretendia mostrar que temas ligados aos saberes do campo econômico não podem se misturar com assuntos fora da área. No entanto, a questão sobre o trabalho das mulheres foi incontestavelmente o motor da economia do trabalho ao longo do século XX, tanto no plano teórico quanto no empírico, no que diz respeito aos métodos, às análises e às interpretações.[38]

Finalmente, no início do século XX, algumas mulheres tiveram acesso às carreiras universitárias e conseguiram reconhecimento, mas nunca em igualdade com seus colegas homens. Os estudos pioneiros sobre a economia da produção doméstica de Margaret Reid,[39] professora na Universidade de Chicago, foram eclipsados pelos de Gary Becker:[40] uma mulher que propõe uma análise econômica do trabalho doméstico, inclusive no cenário neoclássico, não seria tão ouvida e convincente quanto um homem tratando do mesmo assunto. Embora cotada para ser laureada com o prêmio Nobel de Economia de 1975,[41] Joan Robinson não o recebeu. A história diz que suas posições socialistas[42] e o seu gosto pela polêmica foram o motivo, mas teria sido igual se fosse um homem?

---

37 Nela encontramos, sobretudo, Edith Abbott, "The War and Women's Work in England", *Journal of Political Economy*, vol. 25, n° 7, p. 641-678, 1917. Dorothea D. Kittredge, "A Suggestion for Determining a Living Wage", *American Economic Review*, vol. 13, n° 2, p. 225-229, 1923.

38 "It would not be much of an exaggeration to claim that women 'gave birth' to modern labor economics, especially labor supply. Economists need variance to analyze changes in behavioral responses, and Women provided an abundance of that." ["Não seria exagero afirmar que as mulheres "deram à luz" a moderna economia do trabalho, especialmente no que se refere à oferta de mão-de-obra. Os economistas precisam de variância [estatística] para analisar as mudanças nas reações comportamentais, e as Mulheres forneceram isso em abundância."], Claudia Goldin, "The Quiet Revolution That Transformed Women's Employment, Education, and Family", *American Economic Review*, vol. 96, n° 2, p. 1-21, 2006.

39 Margaret Reid, *Economics of Households' Production*, Nova York: John Wiley & Sons, 1934.

40 Gary S. Becker, *A Treatise on the Family*, Cambridge: Harvard University Press, 1981.

41 O russo Leonid Kantorovich (1912-1986) dividiu o prêmio naquele ano com um holandês, por seus trabalhos sobre alocação ótima dos recursos em uma economia socialista.

42 "Sua ideologia socialista não a impediu de construir uma obra científica considerável, mas certamente a prejudicou para receber um prêmio Nobel." Daniel Villey e Colette Nême, *Petite Histoire des grandes doctrines économiques*, Paris: Éditions Génin, Librairies Techniques, 1985.

Publicação, carreira e discriminação

A economia é a ciência social com menor número de mulheres, que representam um quarto dos economistas no mundo. Na França há cerca de 32% de mulheres economistas.[43] Esse número diminui muito conforme se cresce na carreira universitária (esse fenômeno é chamado de *leaky pipeline* [fenômeno do cano furado]): em média, na Europa, encontramos 40% de mulheres no início da carreira (*research assistant* [pesquisadores assistentes]), mas elas representam apenas 22% dos professores titulares.[44] No cenário universitário francês, se, em 2016, 43% dos professores adjuntos eram mulheres, elas representavam somente 24% dos professores titulares. No Centro Nacional de Pesquisa Científica (CNRS, na sigla em francês), discrepâncias similares são observadas entre encarregados e diretores de pesquisa.[45]

Um movimento em busca de paridade se desenvolveu na profissão para enfrentar a fraca representação de mulheres. Denunciou um "clubismo" masculino refratário às mulheres, expôs os obstáculos impostos às mulheres economistas e prometeu ações positivas para aumentar o número de mulheres na economia. Antes de tudo, tratava-se de combater as discriminações entre sexos. Além disso, um maior número de mulheres economistas permitiria ampliar os temas tratados e, em particular, possibilitaria abordar questões relacionadas às desigualdades, a discriminação e ao papel das políticas públicas. Ainda hoje, os centros de interesse dos pesquisadores podem ser considerados sexuados, o que se compreende em função das diferenças entre as experiências sociais das mulheres e dos homens. Não se trata de afirmar que todos

---

[43] Dados de julho de 2020. Disponível em: https://ideas.repec.org/top/female.html. Acesso em janeiro de 2023.

[44] Emmanuelle Auriol, Guido Friebel e Sascha Wilhelm, "Women in European economics", 2019. Disponível em: https://women-economics.com/download/Auriol.Friebel.Wilhelm_2019_Women.in.Economics.pdf. Acesso em janeiro de 2023.

[45] Anne Boring e Soledad Zignago, "Économie: où sont les femmes?" Bloc-notes Éco, Banque de France, n° 51, 2018.

são guiados apenas pelas considerações que os atingem diretamente: as pesquisadoras e os pesquisadores em ciências sociais observam a organização das sociedades como um todo. No entanto, é forçoso constatar que as mulheres são sub-representadas nas temáticas como finanças e macroeconomia e estão mais presentes na economia do trabalho, da educação e do desenvolvimento. As economistas feministas fazem uso dos métodos de quantificação desenvolvidos na disciplina para analisar as desigualdades entre os sexos ali estabelecidas. Pouco a pouco, grupos de reflexão foram criados entre as instituições representativas das economistas. Se o CSWEP, já mencionado anteriormente, existe nos Estados Unidos desde 1971, na Europa, somente em 2005 o The European Economic Association criou uma entidade similar, Women in European Economics, a Real-Time Monitoring Tool.[46] Em 2019, a rede de pesquisa europeia Centre for Economic Policy Research (CEPR) inaugurou uma nova iniciativa visando aumentar o número de mulheres economistas, Women in Economics.[47] Em 2020, a Associação Francesa de Ciência Econômica (AFSE, na sigla em francês) ainda não havia tomado uma posição.

A fraca representação das mulheres na economia é paradoxal, pois o nível de educação médio das meninas supera o dos meninos em todos os países ricos e democráticos. Talvez se trate apenas de uma questão de tempo para que o número de mulheres diplomadas em economia aumente de forma considerável. Na França, o número de professoras adjuntas nas faixas etárias mais jovens é quase igual ao de professores homens; resta saber se elas terão acesso nas mesmas proporções que os homens ao status de professora titular.[48] Mas esse equilíbrio não é favorável nos Estados Unidos, onde o número de mulheres estudantes de Economia, depois de ter aumentado até meados dos anos 2000, es-

---

[46] Disponível em: https://www.women-economics.com/index.html. Acesso em janeiro de 2023.

[47] Disponível em: https://cepr.org/multimedia/women-economics. Acesso em janeiro de 2023.

[48] *Ibid.*

tagnou e diminuiu depois de 2010, o que repercute progressivamente na proporção de doutorandas na área.[49]

Como explicar a fraca proporção de alunas mulheres na área? Alguns argumentam que elas não teriam autoconfiança para desbravar territórios de prestígio uma vez que nada as impede. Tal justificativa, resumida no vocábulo de "autocensura", costuma ser usada para explicar a ausência de mulheres nos espaços de poder em geral. Mas por que as mulheres se autocensurariam? Por que se sentiriam menos capazes do que os homens? Seriam irracionais? Para responder a essas perguntas, é preciso questionar as condições de exercício de sua racionalidade e liberdade. Elas podem ser freadas por obstáculos específicos ou pelo fato de que antecipam dificuldades maiores na carreira do que os colegas homens nessas mesmas áreas. Trata-se, portanto, de compreender o contexto social que leva a escolhas de orientação e de carreiras diferenciadas. As discriminações e, por vezes, as violências que as mulheres sofrem em início de carreira acadêmica e profissional, e também as construções de preferências marcadas pelo gênero desde muito cedo, são elementos minimizados com frequência em favor de explicações relativas a uma forma de autoexclusão das mulheres que não se sentiriam à altura. O termo autocensura é, portanto, inadequado, pois remete as desigualdades a uma dimensão individual. Ele acaba minimizando as verdadeiras dificuldades que as mulheres encontram e que provêm de um ambiente que lhes é desfavorável.

Múltiplas barreiras explicam a ausência do progresso da igualdade de sexos no campo da economia.[50] A menor proporção de mulheres que optam por estudar economia poderia ser explicada pelo maior uso da matemática e das estatísticas na disciplina, que seria um problema para elas. Uma pesquisa recente realizada em 64 países mostrou que se meninas se

---

49 Amanda Bayer e Cecília Elena Rouse, "Diversity in the Economics Profession: A New Attack on an Old Problem", *Journal of Economic Perspectives*, vol. 30, nº 4, p. 221-242, 2016.

50 Shelly Lundberg e Jenna Stearns, "Women in Economics, Stalled Progress", *IZA discussion paper*, nº 11974, 2018.

dirigem com menos frequência para os estudos com grande conteúdo de matemática, não é porque seu nível em matemática seja inferior ao dos meninos, mas porque suas competências nas áreas literárias[51] [humanas] são muito superiores às competências em matemática. Em outras palavras, mesmo tendo o mesmo nível de matemática do que os meninos, as meninas têm um desempenho melhor em disciplinas que exigem mais escrita. Essa vantagem comparativa explicaria os três quartos das diferenças nas intenções de orientação.[52] Além disso, se elas não ingressassem nos estudos de economia por causa da formalização matemática, também deveriam fugir dos estudos específicos de matemática, o que não acontece: em 2014, nos Estados Unidos, havia 43% de meninas entre os diplomados em licenciatura em matemática contra apenas 28% em licenciatura em economia.[53] É sempre possível que as meninas rejeitem a matemática e a estatística quando são aplicadas às questões econômicas e sociais, mas isso não parece verossímil. Portanto, é preciso buscar outra explicação para as diferenças de orientação. A ausência de modelos exemplares [*role model*] na economia é um fator que explica, em parte, a menor proporção de estudantes mulheres que se dedicam aos estudos na área. A falta de mulheres professoras, de pesquisadoras e a pouca visibilidade de seus trabalhos na história criam um cenário pouco atrativo no qual as meninas têm dificuldade em se projetar e que lhes parece pouco favorável. Quando economistas mulheres trabalham com uma audiência de jovens estudantes, a proporção de meninas que se especializam em economia aumenta significativamente.[54]

---

51 Na França, o campo "literário" inclui disciplinas de letras, história, filosofia entre outras. (N.E.)

52 Thomas Breda e Clotilde Napp, "Girls' Comparative Advantage in Reading Can Largely Explain the Gender Gap in Math-Intensive Fields". *Proceedings of the National Academy of Science of the United States of America*, vol. 116, n° 31, p. 15435-15440, 2019.

53 Amanda Bayer e Cecilia Elena Rouse, *op. cit.*

54 Catherine Porter e Danila Serra, "Gender Differences in the Choice of Major: The Importance of Female Role Models", *American Economic Journal: Applied Economics*, vol. 12, n° 3, p. 226-254, 2020.

De modo geral, as carreiras acadêmicas são ritmadas pelo bordão *publish or perish* [publicar ou perecer]. Acontece que, em economia, os homens publicam mais do que as mulheres, uma defasagem que pode ser explicada por vários fatores. Um deles é que a dinâmica de publicação das mulheres é afetada pela maternidade, como em todas as outras profissões. Para limitar esse efeito, algumas universidades levam em conta a parentalidade nos processos de titularização para evitar causar prejuízo aos jovens pais. Quando tais medidas são aplicadas, indiferentemente tanto aos pais quanto às mães, acabam favorecendo as carreiras dos homens que utilizam esse benefício para publicar mais, sendo que as mulheres o utilizam para cuidar dos filhos.[55] Além disso, as mulheres se envolvem mais em atividades administrativas do que os homens, o que reduz ainda mais o tempo que elas podem dedicar a publicar e a continuar seus trabalhos de pesquisa. Os processos de publicação nas revistas de renome são longos e complexos tanto para mulheres quanto para homens. Se não existir um viés de gênero na aceitação dos artigos,[56] os prazos são mais longos para as mulheres, pois as autoras respondem com mais precisão e atenção do que os homens aos pedidos dos pareceristas: os artigos submetidos por mulheres ficariam de três a seis meses a mais nas engrenagens de publicação do que os dos homens, mesmo sendo de qualidade equivalente (medida pelo número de citações do artigo uma vez publicado), mas também levando em conta a temática tratada e o status familiar da autora ou do autor.[57] As publicações individuais são levadas em consideração na evolução da carreira sem distinção segundo o sexo da autora ou do autor, mas os artigos em coautoria são menos valorizados para as mulheres, em particular quando os coautores são homens. Na verdade, os nomes aparecem em ordem alfabética, o que não permite identificar as respectivas contribui-

---

[55] Heather Antecol, Kelly Bedard e Jenna Stearns, "Equal but Inequitable: Who Benefits from Gender-Neutral Tenure Clock Stopping Policies?", *American Economic Review*, vol. 108, n° 9, p. 2420-2441, 2018.

[56] David Card, Stefano DellaVigna, Patricia Funk e Nagore Iriberri, "Are Referees and Editors in Economics Gender-Neutral?", *The Quarterly Journal of Economics*, vol. 135, n° 1, p. 269-327, 2020.

[57] Erin Hengel, "Publishing while female", in Shelly Lundberg (ed), *Women and Economics*, Londres: CEPR Press, p. 80, 2020.

ções. Essa dúvida desfavorece as mulheres, pois, por hábito, com maior facilidade atribui-se o crédito aos homens. Já em sociologia, os autores aparecem na ordem da sua contribuição, e as publicações em coautoria são igualmente valorizadas para os dois sexos. A falta de transparência abre caminho para vieses e para a discriminação.[58] Se os homens publicam mais também é porque eles escrevem mais em coautoria do que as mulheres, sendo que a prática cresceu consideravelmente nas últimas décadas. Por fim, mesmo quando levamos em conta as diferenças de publicações e de percurso entre mulheres e homens, a economia é uma das disciplinas em que as desigualdades de acesso a um cargo universitário entre os sexos são mais fortes.[59]

Quanto ao ensino, as mulheres são menos bem avaliadas pelos estudantes, dos sexos feminino e masculino, do que seus colegas homens, em um curso de qualidade comparável, e isso não é exclusivo da área da economia.[60] A busca pela melhora dessas avaliações não tem dado resultado, pois, afinal, não é a qualidade do ensino que está em jogo, e sim os preconceitos de gênero que afetam a apreciação das/dos estudantes. Mulheres e homens são marcados por esses preconceitos que levam a discriminar as mulheres. Uma pesquisa feita nos Estados Unidos em 2019 mostrou que 47% das mulheres economistas sentem que foram tratadas com injustiça e até mesmo discriminadas, de modo pessoal, na avaliação dos seus cursos pelos estudantes, contra 8% dos homens.[61] Esse estudo também mostrou que as mulheres são duas vezes menos numerosas a considerar que

---

[58] Heather Sarsons, "Gender Differences in Recognition for Group Work", 2017. Disponível em: https://scholar.harvard.edu/files/sarsons/files/full_v6.pdf. Acesso em janeiro de 2023.

[59] Donna K. Ginther e Shulamit Kahan, "Women in Economics: Moving Up or Falling Off the Academic Career Ladder?", *Journal of Economic Perspectives*, vol. 18, n° 3, p. 193-214, 2004.

[60] Anne Boring, "Gender Biases in Student Evaluations of Teaching", *Journal of Public Economics*, n° 145, p. 27-41, 2017. Esse estudo foi feito no âmbito de um projeto europeu visando as mudanças estruturais na busca em favor da igualdade de sexos, EGERA (Effective Gender Equality in Research and the Academia) entre 2014 e 2017.

[61] American Economic Association Committee on Equity, Diversity and Professional Conduct (Sam Allgood, Lee Badgett, Amanda Bayer, Marianne Bertrand, Sandra E. Black, Nick Bloom and Lisa D. Cook). *The American Economic Association's Professional Climate Survey*, 2019.

o ambiente na profissão é satisfatório (40% dos homens estão satisfeitos contra apenas 20% das mulheres). Elas declararam, em geral, sentir uma discriminação fundamentada no sexo, mas também em relação ao seu status marital e às responsabilidades familiares, sua idade e ainda quanto ao tema de sua pesquisa.

Enfim, a profissão não escapa das violências de gênero e sexistas que existem nas nossas sociedades. Em 2017, um estudo realizado por uma estudante de economia da Universidade de Berkeley, Alicia Wu, teve o efeito de uma bomba no mundo dos economistas.[62] Ela analisou os comentários anônimos feitos em um site de pesquisa de empregos universitários na área de economia e trouxe à luz uma cultura aviltante para as mulheres. As opiniões sexistas nas discussões informais, antes difíceis de acompanhar, foram reveladas na forma de milhões de postagens nos sites nos quais se trocam informações sobre as contratações na profissão, ambientes frequentados por toda a comunidade de economistas, desde professoras e professores a doutorandas e doutorandos.[63] Mobilizando as técnicas de análise semântica, Wu decodificou a violência das afirmações em um fórum influente: as discussões sobre o perfil das mulheres as associavam a termos como "gostosa", "lésbica", "teta", "ânus", "vagina", entre outros,[64] sendo que os associados ao perfil dos homens eram do tipo "conselhos", "escola austríaca" (a de Hayek), "prêmios e recompensas", "objetivos" e "manuais". As discussões acerca das mulheres tratavam da aparência física, de questões pessoais, enquanto os debates a respeito de homens envolviam sempre conselhos profissionais e questões econômicas. Esse estudo permitiu objetivar o que muitas jovens sentiam. Por consequência, foram tomadas medidas

---

[62] Alicia Wu, "Gender Bias in Rumors among Professionals: An Identity-based Interpretation", *Review of Economics and Statistics*, vol. 102, nº 5, p. 867-880, 2020.

[63] Disponível em: https://www.econjobrumors.com/. Acesso em janeiro de 2023.

[64] Os termos em inglês são os seguintes: *hotter, lesbian, bb (internet speak for"baby"") sexism, tits, anal, marrying, feminazi, slut, hot, vagina, boobs, pregnant, pregnancy, cute, marry, levy, gorgeous, horny, crush, beautiful, secretary, dump, shopping, date, nonprofit, intentions, sexy, dated and prostitute.*

para lutar contra um ambiente extremamente discriminatório e hostil às mulheres, o que as levaria, de maneira racional, a não enveredar por esse caminho.

Assim, como em várias outras áreas, as jovens economistas devem superar dificuldades com as quais os homens não são confrontados. O economista do trabalho Daniel Hamermesh dá alguns conselhos para ajudá-las neste campo.[65] O primeiro consiste em não se sobrecarregar aceitando tarefas administrativas ou de ensino, a não ser as realmente necessárias. Tal comportamento limita o tempo da pesquisa, diminui o ritmo das publicações e, portanto, da carreira: *Publish or Perish* torna-se, então, *Be selfish or Perish* [seja egoista ou pereça]. Hamermesh também sugere não escolher um tema de pesquisa relativo às "questões das mulheres", *women's topics*, buscando evitar, assim, que as jovens economistas sejam isoladas em um gueto restrito a esses assuntos. De fato, pode sair caro para uma economista em início de carreira se engajar em temas de pesquisa nessa linha, pois seus pares poderiam pensar que ela parte interessada, ao mesmo tempo juíza e vítima, que é menos rigorosa ou, ainda, que seu ponto de vista deriva de um engajamento político, o que enfraqueceria a qualidade científica de seus estudos. De modo contrário, um homem cujas pesquisas dissessem respeito à discriminação feita às mulheres seria considerado menos tendencioso na sua abordagem científica. Mas por que razão um homem cujas pesquisas tratam da desigualdade entre os sexos seria menos "juiz e parte" do que uma mulher? Sua reflexão pode ser afetada por muitos vieses: a igualdade e o fim da dominação masculina poriam fim aos privilégios que obtém pelo fato de ser homem; ele também pode se sentir envolvido porque deseja uma sociedade justa para a filha ou para a cônjuge; enfim, ele pode, simplesmente, ser feminista. Os conselhos de Hamermesh derivam do pragmatismo, mas tratam de fazer uma composição com os defeitos da disciplina em vez de procurar corrigi-los. O oportu-

---

[65] Daniel S. Hamermesh, "An old Male Economist's Advice to Young Female Economists", *CSWEP Newsletter*, p. 11-12, 2005.

nismo na escolha dos temas abordados pode ser reforçado se as jovens forem estimuladas a cumprir as expectativas institucionais para poder publicar. Esse cenário não é propício a uma pesquisa inovadora que avance tanto nas questões colocadas quanto nos métodos mobilizados para respondê-las.

A análise das desigualdades dos sexos, das políticas sociais, das discriminações e dos vieses de gênero não são assuntos de "mulheres" e das temáticas que interrogam o funcionamento das nossas sociedades. É tão problemático atribuir esses assuntos às mulheres quanto aconselhá-las a não estudá-los. A sub-representação das mulheres na profissão reduz o espectro dos temas tratados e ensinados,[66] pois a experiência social as leva a se interessar mais por essas questões do que os homens. Devemos desencorajá-las? Para pôr um fim à tirania de gênero[67] e fazer com que a experiência social de um indivíduo não seja mais determinada pelo seu sexo, é preciso colocar essas perguntas e respondê-las. Marianne Ferber, pioneira da economia feminista, dá outro conselho à jovem geração de economistas: sejam vocês mesmas e defendam os assuntos que lhes interessam.[68]

---

[66] Amanda Bayer e Cecilia Elena Rouse, "Diversity in the Economics Profession: A New Attack on an Old Problem", *op. cit.*

[67] Marie Duru-Bellat, *La Tyrannie du genre*, *op. cit.*

[68] "I would say to young women that even though they would be well advised to do what is necessary to get and hold a job, beyond that they need to think very carefully whether they are willing to give up doing the work they are really interested in, speaking up when they feel strongly about a subject and, in general, feeling free to be themselves, in order to enhance their chances of achieving greater status and more recognition in the profession." ["Eu diria às jovens mulheres que, embora seja uma boa ideia fazer o necessário para conseguir e manter um emprego, elas precisam, além disso, pensar com muito cuidado se, a fim de aumentar as chances de alcançar um status mais alto e obter maior reconhecimento na profissão, elas estão dispostas a abrir mão do trabalho no qual estão de fato interessadas, de se posicionar com veemência quando julgarem pertinente e, em geral, de se sentirem livres para serem elas mesmas."]. Mary L. King e Lisa F. Saunders, "An Interview with Marianne Ferber: Founding Feminist Economist", *The Review of Political Economy*, vol. 11, n° 1, p. 83-98, 1999.

PARTE TRÊS

A ECONOMIA E O DESAFIO DA IGUALDADE

Capítulo 5
DO SENHOR GANHA-PÃO À SENHORA GANHA-MIGALHAS

Se a perspectiva feminista oferece um novo alento à economia, a economia responde a algumas questões feministas: como contar a história do trabalho das mulheres por tanto tempo silenciada? O que sabemos a respeito das desigualdades e de sua dinâmica histórica? Como compreender a divisão de tarefas entre um casal? Qual o tamanho dessas discriminações?

As mulheres sempre trabalharam, mas sua participação na atividade econômica foi, por muito tempo, minorada e subestimada. Uma abordagem institucionalista permite compreender a organização sexuada do trabalho e sua evolução destacando as relações entre três instituições: a família, o mercado e o Estado. O liberalismo econômico do século XIX não findou a dominação masculina; ele foi acompanhado de uma série de interdições para as mulheres – proibição de praticar algumas profissões, de se instruir, incapacidade jurídica – conduzindo assim a um capitalismo patriarcal. Esse capitalismo foi progressivamente regulado e enquadrado pelos estados sociais, igualmente patriarcais. A economia política chamada de "Senhor Ganha-pão" deveria garantir a prosperidade econômica e reduzir as desigualdades entre as classes sociais, distribuindo o poder aos homens e sujeitando as mulheres dentro do ambiente da família. O sistema de proteções jurídicas e sociais associado ao casamento confinou as mulheres ao papel da reprodução. A partir dos anos 1970, o aumento do salário das mulheres e a diversidade na composição das famílias (sobretudo com o desenvolvimento da união livre e o aumento dos divórcios) transformaram esse modelo. Porém, depois de anos de progresso, as desigualdades entre os sexos não mais foram reduzidas. Esse *status quo* não igualitário se explica, em parte, pela metamorfose inacabada do Estado de bem-estar social: se a atividade das mulheres foi promovida por políticas públicas que facilitavam a articulação de seus tempos sociais, os homens não foram encorajados, ou o foram insuficientemente, a assumir a sua parte na família, seja pelo tempo consagrado à educação dos filhos ou à assistência aos pais idosos. O modelo do Senhor Ganha-pão certamente ficou para trás, mas a persistência das desigualdades profissionais entre homens e mulheres nos inclina a qualificar o regime atual de Senhora Ganha-migalhas.

Os desenvolvimentos da economia neoclássica ultrapassaram as primeiras abordagens teóricas, renunciando à figura beckeriana do déspota condescendente no seio da família. As decisões intrafamiliares passaram a ser analisadas integrando as relações interindividuais dos casais. A renovação dos estudos sobre as discriminações permitiu compreender melhor esses fenômenos, superando a abordagem neoliberal que imaginava que a concorrência por si só, de maneira mecânica, pusesse fim ao problema. Por último, a economia aplicada foi particularmente fecunda, pois a medida das desigualdades e das discriminações constitui uma etapa necessária para assegurar a legitimidade da questão feminista no debate democrático.

Contar o trabalho das mulheres

Na exposição universal de Chicago de 1893, foi instalado um "palácio da mulher"[1] (*woman's building*) que visava destacar o papel das mulheres na economia e na sociedade industrial.[2] Naquela ocasião, foi pedido aos países participantes que fornecessem elementos quantitativos para

---

1 "palais de la femme" (cf. original), comumente chamado no Brasil de Edifício das mulheres. (N.T.)

2 A exposição univesal de Chicago foi financiada pelo Congresso, que destinou parte dos recursos para garantir a representação de mulheres no evento. Entre as participações importantes, destacam-se referências do feminismo da época, como Susan B. Anthony e Florence Kelley, além da abolicionista Julia Wrad Howe. (N.E.)

ilustrá-lo. A França enviou um documento excepcional, *La statistique générale de la femme française*, elaborado por Marie Pégard,[3] com o apoio da Estatística Geral da França, precursora do Instituto Nacional de Estatística e Estudos Econômicos (INSEE, na sigla em francês). Um álbum magnífico feito de gráficos pintados à mão foi extraído das pranchas expostas e hoje pode ser visto na biblioteca do Institut de France. Com base nas estatísticas disponíveis na época, Marie Pégard apresenta uma série de gráficos, sem comentários, que revelam a importância do papel das mulheres e do seu trabalho na sociedade francesa do século XIX:[4] Mulheres que se instruíam e instruíam outras pessoas, que trabalhavam, ganhavam um salário e poupavam. O alcance subversivo da mensagem veiculada no documento se deve ao fato de mostrar, com base em estatísticas, uma sociedade que põe em xeque a crença na incapacidade física e intelectual das mulheres para trabalhar e serem autônomas. O medo de vê-las se emancipar às custas dos homens foi resumido pelo economista e jornalista Ernest Fournier de Flaix,[5] em 1895:

> Quanto ao trabalho das mulheres, sobre o qual o senhor Victor Turquan e a senhora Pégard expuseram importantes documentos, ele pede as mais sérias reflexões. O que será da família quando a mulher desertar o dia inteiro do lar conjugal; o que será do salário dos homens quando estes forem expulsos, pelas mulheres, na maior parte das profissões que hoje exercem?[6]

---

[3] Marie Pégard (1850-1916), feminista que se engajou para promover a formação profissional das mulheres.

[4] Marie Pégard recebeu o prêmio Montyon da Académie des sciences por esse trabalho. Hélène Périvier e Rebecca Rogers, "Women and the Language of Statistics in Late-Nineteenth-Century France: Reading the Graphs of Madame Pégard", *French Politics, Cultures and Societies*, vol. 37, n° 3, p. 1-26, 2019.

[5] Ernest Fournier de Flaix (1824-1904), jornalista e economista francês.

[6] Ernest Fournier de Flaix, "Vie de la société, Procès-verbal de la séance du 20 novembre 1895", *Journal de la Société de Statistique de Paris*, n° 12, p. 405, dez. 1895.

A angústia levou os economistas da época a formalizar a divisão sexual do trabalho como um imperativo da sustentabilidade do capitalismo moderno (capítulo 3).

É mais difícil contar a história do trabalho das mulheres do que a dos homens. Por causa da dominação masculina, o trabalho das mulheres era mais heterogêneo, e o seu reconhecimento foi continuamente questionado durante o processo de coleta e tratamento dos dados franceses.[7] Na primeira metade do século XX, as mulheres que se ocupavam dos negócios familiares eram consideradas "chefes do estabelecimento", assim como seus maridos, e as que trabalhavam na propriedade agrícola familiar e não declaravam outra profissão eram sistematicamente classificadas na categoria de "agricultoras",[8] sendo que, no século XIX,[9] eram consideradas inativas. A partir de 1954, somente as mulheres que declaravam explicitamente ter uma profissão eram incluídas na contagem da população ativa. O princípio de declaração individual passou a ser a regra nas pesquisas estatísticas. Essa convenção considera que a declaração está isenta de qualquer consideração de gênero, porém é provável que as mulheres se tenham declarado inativas por muito tempo, mesmo quando participavam ativamente do desenvolvimento dos negócios da família. A construção de longas séries estatísticas levanta a questão da escolha metodológica, que modifica a história contada. Ao aplicarmos a definição atual (a de 1954) em séries de longa duração, minoramos uma parte da atividade das mulheres;[10] no entanto, se optarmos pela definição em vigor no anos em que foi

---

7 Sylvie Schweitzer, *Les femmes ont toujours travaillé. Une histoire du travail des femmes aux XIXe et XXe siècles*, Paris: Odile Jacob, 2002.

8 Nos recenseamentos de 1921 até 1946, todas as pessoas adultas de uma fazenda eram contadas como ativas se não fossem escolarizadas e não tivessem outra profissão. Portanto, as mulheres que trabalhavam na exploração agrícola familiar eram, na maior parte das vezes, contadas como ativas.

9 No recenseamento de 1881, a instrução foi a seguinte: "mesmo que ajude o marido na profissão dele, a mulher deve ser classificada na família, a não ser que tenha uma profissão distinta." Olivier Marchand e Claude Thélot, *Le Travail en France (1800–2000)*, Paris: Nathan, 1997.

10 *Ibid.*

realizada a pesquisa, a série torna-se menos comparável de ano em ano, porém, coloca-se em evidência as instruções dadas aos pesquisadores e a consideração pelo trabalho das mulheres próprio de cada época.[11]

Qualquer que seja a convenção adotada, as mulheres nunca representaram menos de um terço da população ativa. É, sobretudo, na idade intermediária que a taxa de atividade delas é menor do que a dos homens: na França, até o fim dos anos 1960, menos de uma mulher em cada duas dessa faixa etária era ativa, contra nove homens em cada dez. Durante todo o século XIX, a divisão setorial de emprego das mulheres foi sensivelmente a mesma que a dos homens: a participação nos empregos agrícolas dominava, mas foi sendo reduzida, enquanto a participação na indústria e nos serviços cresceu. O enriquecimento da burguesia industrial levou ao desenvolvimento dos serviços domésticos, envolvendo, sobretudo, as mulheres: em 1880, uma em cada quatro mulheres ativas (fora do setor agrícola) era doméstica, contra apenas 5% dos homens.[12] A queda da domesticidade observada no início do século XX foi fruto do desaparecimento das profissões domésticas masculinas (cocheiro, jardineiro, mordomo, entre outras), as profissões exercidas por mulheres (lavadeira, empregada, dama de companhia, entre outras) se transformaram em serviços pessoais (faxineira, babá, entre outras).

As estatísticas da população ativa mostram que as mulheres sempre trabalharam e em todos os setores, inclusive na indústria. A maior parte dos lares não podia se permitir optar pelo modelo familiar no qual o homem trabalha e a mulher se ocupa do lar. Somente o salário do homem não era sempre suficiente para prover as necessidades da família. Mesmo que a produção doméstica constituísse uma espécie de renda implícita (que correspondia ao valor dos bens e serviços produzidos na família pela mulher), não compensava a renúncia a um se-

---

[11] Margaret Maruani e Monique Méron, *Un siècle de travail des femmes em France, 1901-2011*, Paris: La Découverte, 2012.

[12] Olivier Marchand e Claude Thélot, *op. cit.*

gundo salário. Na ausência de política familiar, a presença de crianças pequenas implicava adaptar a organização do lar, no caso, pelo ajuste do trabalho da mãe, o que pesava na renda da família. O trabalho das mulheres, encontra-se, portanto, na encruzilhada das questões demográficas (declínio da natalidade), das questões econômicas relativas à produção (gestão do fator trabalho), das questões sociais (nível de vida dos casais com filhos e desigualdades sociais) e, por fim, das questões de justiça (igualdade dos sexos e emancipação das mulheres).

Apogeu e declínio do Senhor Ganha-pão

Após a Segunda Guerra Mundial, desenvolve-se um capitalismo social e regulamentado, sobretudo sob a influência do pensamento keynesiano. A regulamentação é traduzida por políticas públicas, na maioria das vezes desfavoráveis para a emancipação econômica das mulheres.[13] O Estado de bem-estar social sueco constitui exceção, respondendo à baixa da natalidade ao desenvolver políticas que socializam o custo da educação das crianças e que encorajam a atividade mercantil das mulheres.[14] Porém, na maior parte dos países industrializados, o emprego das mães é considerado fonte de desequilíbrios demográficos e econômicos. Nessa perspectiva, o modelo francês organiza a divisão sexual do trabalho entre a esfera da família e a do mercado: as mulheres são destinadas à primeira, e os homens, à segunda. O modelo do Senhor Ganha-pão é encarado como o motor de uma natalidade dinâmica indispensável para o desenvolvimento econômico e, também, como garantia de estabilidade da sociedade, pois faz parte da manutenção dos

---

13 Nancy Fraser, "Marchandisation, protection sociale et émancipacipation. Les ambivalences du féminisme dans la crise du capitalisme". *Revue de OFCE*, vol. 114, n° 3, p. 11-28, 2010.

14 Sobretudo sob a influência do livro de Alva e Gunnar Myrdal, *Kris i Befolkningsfrågan* [A questão da população em crise], Estocolmo: Bonniers, 1934. Alva Myrdal (1920-1986), intelectual e mulher política sueca, feminista, recebeu o prêmio Nobel da Paz em 1982. Ver Pascal Marichalar, "Regard sur l'intellectuelle suédoise Alva Myrdal. Engagements publics, déchichures privées", *Travail, Genre et Sociétés*, vol. 31, n° 1, p. 186-194, 2014.

valores patriarcais conservadores. O Estado de bem-estar social redistribui as riquezas e socializa o custo dessa especialização dos papéis, de modo a torná-la acessível a todos os casais, inclusive àqueles das classes populares, e minimizar a perda da renda devido ao nascimento dos filhos.[15] A redistribuição operada no âmbito do casamento passa por diversos canais. Os seguros sociais que protegem o assalariado asseguram os direitos do trabalhador em troca das contribuições sociais obrigatórias, além de direitos derivados à esposa e aos filhos. A cidadania social das mulheres depende do seu estado civil e da sua situação profissional: a das assalariadas baseia-se em direitos diretos e a das mulheres casadas, do lar, em direitos derivados. O sistema de seguridade social prolonga a solidariedade entre os cônjuges por meio da criação de um seguro viuvez que estende a cobertura de pensão por aposentadoria à esposa do trabalhador depois da morte do mesmo (sistema de reversão de pensões). O subsídio de salário único (ASU, na sigla em francês) é pago caso a esposa não trabalhe e seu valor é proporcional ao número de filhos. Em 1947, uma dona de casa com três filhos, recebia um benefício equivalente a um salário e meio de uma trabalhadora, qualquer que fosse o salário do marido.[16] Não se pode falar em um "salário maternidade", visto que se trata de um subsídio em vez de um salário. O homem recebe um salário com direitos sociais associados e, portanto, tem acesso a uma propriedade social,[17] mas subsídio é recebido pela família e não concede nenhum direito específico à mulher.

---

15 Hélène Périvier, "Une lecture genrée de la Sécurité sociale, soixante-dix ans après sa fondation: quel bilan pour l'égalité des femmes et des hommes?" *Informations sociales*, vol. 189, n° 3, p. 107-114, 2015.

16 A ASU foi progressivamente reduzida. Durante os anos 1950, para uma família com três filhos, ela representava o equivalente ao salário de uma operária, e a metade disso nos anos 1960. Jacqueline Martin, "Politique familiale et travail des femmes mariées em France. Perspective historique: 1942-1982", *Population*, n° 6, p. 1119-1154, 1988.

17 Robert Castel, *Les Métamorphoses de la question sociale. Chronique du salariat*, Paris: Fayard, 1999. [Metamorfoses da questão social. Uma crônica do salário, trad. Iraci D. Poleti, Petrópolis, Vozes, 2015].

O sistema de imposto de renda dos casais pensado em 1945, ainda hoje em vigor, também contribuiu para reforçar a inatividade das mulheres casadas ou, no mínimo, para sustentar a renda dos casais que adotam uma organização sexuada. A declaração permitida aos casais lhes atribui duas unidades fiscais. Portanto, é a média dos rendimentos dos cônjuges que é submetida à progressividade da tabela do imposto em vez da renda individual. Portanto, o salário menor, quase sempre o da mulher, recebe uma carga de impostos mais pesada do que ocorreria em um sistema de imposto individual. A vantagem fiscal oriunda da declaração conjunta é ainda maior quando os rendimentos dos cônjuges são desiguais. Como se achava preferível que a mulher casada não participasse do mercado de trabalho, para se dedicar à educação dos filhos, era necessário levar isso em conta para avaliar a capacidade contributiva do casal em matéria de imposto de renda. Isso significa considerar que a mulher do lar representa uma carga para o cônjuge e, portanto, desconsiderar o valor do trabalho doméstico que ela realiza[18] (cuidado dos filhos, limpeza, cozinha, entre outras atribuições). Bem antes da instauração desse imposto de renda, Clémence Royer propôs, ao contrário, tributar esse rendimento implícito, em uma perspectiva de justiça fiscal mais do que feminista[19] (capítulo 4). Afinal, o quociente fiscal conjugal também tinha como objetivo não favorecer a união livre em detrimento do casamento, em uma perspectiva moral, como mostram as considerações dos motivos do projeto de lei que instituiu o quociente familiar em 1945:

---

18 Hoje em dia, os casais em que apenas um membro trabalha dedicam aproximadamente uma hora a mais por dia às tarefas domésticas em relação aos casais em que ambos cônjuges trabalham. Calculando a partir do SMIC (Salário Mínimo Interprofissional de Crescimento), essa hora de trabalho doméstico corresponde a um montante anual de 2.700 euros. Guillaume Allègre, Victor Bart, Laura Castell, Quentin Lippmann e Henri Martin, "Travail domestique: les couples mono-actifs en font-ils vraiment plus?", Économie et Statistique, n. 478-480, p. 189-208, 2015.

19 "Quando esse papel [o da esposa] se torna o de um administrador ou de um economista, pede aptidões, um ensino preparatório; como tal, ele deve ter um título fixo, pouco considerado, é verdade, mas, precisa de um: é uma profissão que representa um capital. A mulher que não tem empregadas não deve, por isso, ser liberada de imposto. Ela cumpre o seu papel de esposa, ela merece um título, esse papel lhe dá uma renda." Clémence Royer, *op. cit.*, p. 286.

> É imoral punir com uma taxa progressiva a renda do casal que tem como cabeça um chefe de família, favorecendo assim o concubinato.[20]

Esse conjunto de políticas públicas (seguro social familiar, ASU e quociente fiscal conjugal) remunera o trabalho doméstico e familiar, mas submete as mulheres, ao organizar sua dependência perante o Estado de bem-estar social e perante o cônjuge. Assim, em meados do século XX, se estabelece tanto na França como na maioria dos países industrializados, com modalidades diversas, uma economia política do patriarcado.

No entanto, a partir do fim dos anos 1960, a entrada progressiva das mulheres no mercado de trabalho assalariado minou a lógica do Senhor Ganha-pão. Vários fatores interligados explicam esse movimento. As reivindicações feministas que levam, de um lado, à emancipação econômica das mulheres e, do outro, ao acesso aos direitos reprodutivos (contracepção e legalização do aborto), constituem um importante avanço. O acesso ao anticoncepcional também para as menores de idade nos Estados Unidos[21] permitiu às jovens retardar a idade da primeira gestação, priorizar os estudos e um projeto de carreira.[22] Outros trabalhos mostram que foi mais diretamente a legalização do aborto que teria modificado o calendário da formação da família, permitindo a emancipação econômica das jovens.[23] A verdade é que os direitos re-

---

20 Disponível em: www.legifrance.gouv.fr/affichJuriSaisine.do;jsessionid=DF4C05BCCD35872603AAB--B260AD6912F.tpdjo14v_3?idTexte=CONSTEXT000017667929. Acesso em janeiro de 2023.

21 A liberação de acesso ao contraceptivo por menores de idade só é permitida em alguns estados do país. (N.E.)

22 Claudia Goldin e Lawrence F. Katz, The Power of the Pill: Oral Contraceptives and Womens's Career and Marriage Decisions", *Journal of Political Economy*, v. 110, n. 4, p. 730-770, 2002. Martha J. Bailey, "More Power to the Pill: The Impact of Contraceptive Freedom on Women's Life Cycle Labor Supply", *The Quaterly Journal of Economics*, v. 121, n. 1, p. 289-320, 2006.

23 O acesso à pílula, que não é totalmente confiável, teria sido acompanhado de um aumento das relações sexuais entre os jovens: Caitlin Knowles Myers. "The Power of Abortion Policy: Reexamining the Effects of Young Women's Acess to Reproductive Control", *Journal of Political Economy*, v. 125, n. 6, p. 2178-2224, 2017.

produtivos deram às mulheres o controle da fecundidade e facilitaram seu acesso à educação e ao mercado de trabalho. O nível geral de educação das meninas elevou-se depois dos anos 1960, ao ponto que hoje elas, em média, têm um nível de educação superior ao dos meninos, mesmo que a orientação escolar ainda seja marcada pelo gênero.[24] Esses processos são cumulativos: mais preparadas, as mulheres estão mais equipadas para defender os seus direitos e, ao agir assim, afirmam a sua vontade de emancipação em todas as dimensões (sexual, econômica, social, política...).

As reivindicações feministas desempenharam um papel incontestável na emancipação econômica das mulheres, mas esse movimento teria encontrado mais resistência sem as mudanças no ambiente econômico e a melhoria das condições de produção na esfera doméstica. Os ganhos de produtividade (por conta de equipamentos como a máquina de lavar roupa e a lava-louças, por exemplo), as mudanças de hábitos (como recorrer às refeições prontas) e o surgimento de novos serviços (como a entrega de compras em domicílio) reduziram o tempo dedicado às tarefas da casa. Além disso, a crescente necessidade de mão de obra qualificada no mercado de trabalho favoreceu a entrada das mulheres no trabalho assalariado. A convergência de interesses econômicos e de certas reivindicações feministas permitiu iniciar uma transição para outro modelo. Progressivamente, os dispositivos que visavam encorajar o modelo da mulher do lar foram revistos, e, depois, suprimidos. Na França, o subsídio de salário único[25] foi substituído, em 1978, por subsídios familiares que não estavam mais condicionados à interrupção da atividade da mãe.

Aos poucos, o comportamento das mulheres no mercado de trabalho se aproximou ao dos homens: elas passaram a definir suas opções profissionais menos em função do salário que podiam espe-

---

[24] Marie Duru-Bellat, *L'École des filles: quelle formation pour quels rôles sociaux?* Paris: L'Harmattan, 1990.

[25] Trata-se de um complemento familiar (ASU) pago pelo Estado às famílias com três filhos ou mais.

rar e menos ainda em função do salário de seus cônjuges.[26] Mas essa convergência de comportamentos não era sinônimo de igualdade.[27] Se mais mulheres trabalhavam, elas o faziam, na maioria das vezes, em meio período, diferentemente das mais velhas:[28] na França, como em outros países, as taxas de emprego equivalente a tempo integral (isto é, levando em conta o tempo de trabalho) das mulheres nascidas no fim dos anos 1970 são comparáveis à das nascidas no fim dos anos 1950.[29] As defasagens de salário não se alteram desde os anos 1990.[30] O modelo do Senhor Ganha-pão cedeu lugar ao da Senhora Ganha-migalhas.[31] Não se trata de afirmar que todas as mulheres são trabalhadoras pobres ou precárias, mas de apontar a persistência dessas desigualdades socioeconômicas.

---

26 Francine D. Blau e Lawrence M. Kahn, "Changes in the Labor Supply Behavior of Married Women: 1980-2000", *Journal of Labor Economics*, nº 25, p. 393-438, 2007. Karine Briard, "L'élasticité de l'offre de travail des femmes: repères méthodologiques et principaux résultats pour la France", *Document d'études*: Dares, 2017.

27 Dominique Meurs, *Hommes-Femmes. Une impossible égalité professionnelle?* Paris: Rue d'Ulm, "CEPREMAP", 2014.

28 Na França, 30% das mulheres que trabalham têm um emprego de meio período (contra 8% dos homens) e 80% dos empregos de meio período são ocupados por mulheres. "Femmes et hommes, l'égalité en question", *INSEE Références*, 2017, Disponível em: www.insee.fr/fr/statistiques/2586507?sommaire=2586548. Acesso em janeiro de 2023. Para um relatório completo sobre o meio período, ver, por exemplo, Françoise Milewski, "Le travail à temps partiel", *Les Études du CESE* (Conselho Econômico, Social e Ambiental, na sigla em Francês), 2013.

29 É o caso da Alemanha, da Áustria, da Finlândia e da França. Consultar Hélène Périvier e Gregory Verdugo, "La stratégie de l'Union européenne pour promouvoir l'égalité professionnelle est-elle efficace?" *Revue de l'OFCE*, nº 158, p. 77-102, 2018. Cédric Afsa Essafi e Sophie Buffeteau, "L'activité féminine en France: quelles évolutions récentes, quelles tendances pour l'avenir ?", *Économie et statistique*, 398-399, p. 85-97, 2006.

30 Dominique Meurs e Pierre Pora, *op. cit.*

31 Hélène Périvier, "De madame Au-Foyer à madame Gagne-Miettes. État social en mutation dans une perspective franco-états-unienne", in Margaret Maruani (dir.), *Travail et genre dans le monde. L'état des savoirs*, Paris: La Découverte, p. 309-317, 2013.

Trabalho, família e desigualdades

A entrada de mulheres no mercado de trabalho assalariado não foi compensada por um investimento maior dos homens na esfera familiar. Na França, as mulheres fazem, em média, 70% do trabalho doméstico (limpeza, cozinha, lavagem de roupa) e 65% do trabalho familiar.[32] O nascimento de um filho reforça essa desigualdade, e o tempo que as mulheres dedicam à família aumenta com o número de filhos, sendo que o dos homens diminui, o que traduz um reforço progressivo e cumulativo da divisão sexual do trabalho.[33] O aumento do tempo dedicado aos filhos pelos pais não foi suficiente para reverter essa tendência, e a participação deles nas tarefas domésticas não mudou.[34] Finalmente, as tarefas dos pais são determinadas por gênero: as mulheres passam mais tempo realizando atividades obrigatórias como acompanhamento escolar, deslocamentos e organização dos horários cotidianos, enquanto os homens se dedicam mais ao lazer e à socialização dos filhos. Essa organização sexuada dos papéis afeta a atividade profissional das mães: depois de um nascimento, uma mulher em cada duas ajusta a sua atividade profissional, em comparação com um homem em cada nove;[35] 90% das mulheres que não têm filhos são ativas, porcentagem que cai à metade quando têm três filhos, sendo um deles menor de três anos.[36] Esse contexto tem consequências de longo alcance nas suas carreiras,

---

32 Clara Champagne, Ariane Pailhé e Anne Solaz, "Le temps domestique et parental des hommes et des femmes: quels facteurs d'évolutions en 25 ans?", *Économie et Statistique*, n° 478-479-480, p. 209-242, 2015.

33 Arnaud Régnier Loilier e Céline Hiron, "Évolution de la répartition des tâches domestiques après l'arrivée d'un enfant", *Revue des Politiques Sociales et Familiales*, n° 99, p. 5-25, 2010.

34 Clara Champagne, Ariane Pailhé e Anne Solaz, "Le temps domestique et parental des hommes et des femmes: quels facteurs d'évolution depuis 25 ans?", Économie et Statistique (Ital), 478-479-480, p. 209-242, 2015.

35 Stéphanie Govillot, "Après une naissance un homme sur neuf réduit ou cesse temporairement son activité contre une femme sur deux", *INSEE Première*, n° 1454, 2013.

36 Claude Minni e Julie Moschion, "Activité féminine et composition familiale depuis 1975" *Dares Analyses*, n° 27, p. 1-10, 2010.

nos salários e, por fim, em seus direitos previdenciários.[37] Em caso de divórcio, as mulheres sofrem uma queda em seu padrão de vida maior do que os homens, o que, em essência, se deve à divisão dos papéis que prevalecia no casal.[38]

Quais são os mecanismos de decisão que levam a essa divisão sexual do trabalho nos casais? O fato é que o gênero influencia a organização na família: os homens que dependem financeiramente da esposa compensariam esse desvio em relação à masculinidade com um investimento mínimo nas tarefas domésticas. Pelas mesmas razões, as mulheres que trabalham em tempo integral reforçariam a sua contribuição às tarefas domésticas no caso de uma perda de emprego pelo cônjuge.[39] A injunção para aperfeiçoar o desempenho segundo o gênero, certamente, desempenha um papel no tipo de tarefa realizada (bricolagem para os homens e limpeza para as mulheres), mas influencia menos a divisão de tarefas do que o poder de negociação que cada parceiro traz de sua experiência profissional.[40] Além disso, a divisão das tarefas de casal é ainda mais desigual se o salário da mulher for elevado e o tempo de trabalho do homem for pouco. Em todos os casos, as mulheres fazem mais do que seus cônjuges.[41] A economia da família se desenvolveu consideravelmente para compreender essas arbitragens

---

[37] Carole Bonnet e Jean-Michel Hourriez, "Égalité entre hommes et femmes à lá retraite" quels rôles pour le droits familiaux et conjugaux?", *Population*, vol. 67, n° 1, p. 133-158, 2012.

[38] Carole Bonnet, Bertrand Garbinti e Anne Solaz, "Les variations de niveau de vie des hommes et des femmes à suite d'un divorce ou d'une rupture de Pacs", *Couples et familles*, Insee Références, 2015.

[39] Theodore N. Greenstein, "Economic Dependence, Gender, and the Division of Labor in the home: A Replication and Extension", *Journal of Marriage and Family*, vol. 62, n° 2, p. 322-335, 2000. Daniel Schnneider, "Gender Deviance and Household Work: The Role of Occupation", *American Journal of Sociology*, vol. 117, n° 4, p. 1029-1072, 2012.

[40] Oriel Sullivan, "An End to Gender Display Through the Performance of Housework? A Review and Reassessment of the Quantitative Literature Using Insights from the Qualitative Literature", *Journal of Family, Theory & Review*, 3 (1), 2011, p. 1-13.

[41] Catherine Sofer e Claire Thibout, "La division du travail selon le genre est-elle efficiente? Une analyse à partir de deux enquêtes *Emploi du temps*", *Économie et Statistique*, n. 478-479-480, p. 273-304, 2015. Sophie Ponthieux e Amandine Schreiber, "Dans les couples de salariés, la répartition du travail domestique reste inégale", *Données sociales. La société française*, INSEE, p. 43-51, 2006.

intrafamiliares.[42] A família é descrita como um espaço de negociação, no qual existem relações de força entre os cônjuges. Os modelos ditos "coletivos" se concentram no processo de negociação, que conduz a uma regra de compartilhamento dos recursos entre o casal. O poder de negociação de cada um determina essa divisão de recursos. Esse poder é afetado pelos respectivos ganhos dos cônjuges e, também, pelos subsídios públicos dados ao casal durante a vida em comum, assim como pelo contexto legal que enquadra as rupturas conjugais (o direito a um benefício compensatório, por exemplo, em caso de divórcio, aumenta o poder de negociação das esposas inativas). Por fim, alguns estudos recentes mostram que as normas de gênero e os estereótipos são sempre um poderoso fator de organização do tempo na família, que levam à persistência da divisão sexual do trabalho, mesmo que isso resulte, às vezes, em uma organização ineficaz para o casal.[43]

Como encorajar o compartilhamento das tarefas na família e favorecer a atividade das mulheres? As políticas chamadas de "articulação da vida familiar/vida profissional" se apoiam em dois grandes pilares. Os serviços públicos de acolhimento de crianças e ajudas financeiras concedidas a título de ajuda de custo para crianças pequenas permitem às mães continuarem ativas. No entanto, essas políticas não modificam diretamente o compartilhamento das tarefas do casal. As licenças dos pais, segundo suas características (duração, remuneração, flexibilidade, entre outras) tanto podem reforçar a divisão sexual do trabalho nos casais quanto reduzi-la, encorajando e até mesmo obrigando os pais a dedicar mais tempo ao trabalho familiar. Na verdade, quando são as mulheres que têm acesso a essas licenças, elas sofrem as consequências em suas carreiras, ao ver reforçados a segregação profissional e o teto

---

[42] Para uma revisão de literatura sobre economia da família, consultar sobretudo Martin Browning, Pierre-André Chiappori e Yoram Weiss, *Economics of the Family*, Cambridge: Cambridge University Press, 2014.

[43] Hélène Couprie, Elisabeth Cudeville e Catherine Sofer, "Efficiency versus Gender Roles and Stereotypes: An Experiment in Domestic Production", *Experimental Economics*, vol. 23, n° 1, p. 183-211, 2020.

de vidro.[44] O desafio em matéria de igualdade passa a ser, portanto, o compartilhamento das licenças entre os dois progenitores, limitando o tempo de interrupção nas carreiras das mulheres. Para dividir entre os dois progenitores esse "risco" ou esse "custo" no plano da trajetória profissional consequente à parentalidade, alguns países europeus modificaram as licenças parentais, para encorajar os homens a recorrer a elas (cota reservada aos pais, prolongamento da licença paternidade, bônus em caso de divisão da licença...). A economia aplicada produziu inúmeras avaliações do efeito dessas licenças sobre a divisão de tarefas e sobre a igualdade profissional. Mesmo com os homens investindo um pouco mais de tempo na família, os efeitos positivos na carreira das mulheres ainda continuam modestos. Nos países que propõem uma licença parental bem remunerada voltada para os pais e uma licença para as mães mais curta, os pais trabalham menos do que os homens que não cuidam de filhos.[45] Na França, a introdução da licença-paternidade em 2002 teria induzido a um compartilhamento mais equilibrado das tarefas domésticas e familiares depois do nascimento do primeiro filho.[46] Na Espanha, o prolongamento da licença-paternidade associado a uma obrigação para os pais recorrerem a ela, teria levado os casais a adiar o nascimento seguinte: o tempo e a energia requeridos pela a chegada de um recém-nascido teriam desencorajado os pais de ter outra criança.[47] As licenças dos pais e das mães melhor compartilhadas entre ambos são uma condição necessária, mas não bastam para implementar o princípio de igualdade.

---

[44] Licença de mais de trinta semanas reduziria a participação das mulheres nos cargos de responsabilidade em 1,5%. Ysuf Emre Akgunduz e Janneke Plantenga, "Labour Market Effects of Parental Leave in Europe", *Cambridge Journal of Economics*, vol. 37, n° 4, p. 845-862, 2013.

[45] Marieke Bünning e Matthias Pollmann-Schult, "Family Policies and Father's Working Hours: Cross- National Differences in the Paternal Labour Supply", *Work, Employment and Society*, vol. 30, n° 2, p. 256-274, 2016.

[46] Ariane Pailhé; Anne Solaz e Maxime Tô, *Can Daddies Learn How to Change Nappies? Evidence from a Short Paternity Leave Policy*, Paris: Ined, "Documents de travail", n° 240, 2018.

[47] Lídia Farré e Libertad González, "Does Paternity Leave Reduce Fertility?", *Journal of Public Economics*, vol.172, p. 52-66, 2019.

A organização do trabalho nos casais é uma questão social que não pode ser reduzida a sua dimensão privada. Alguns pais se retiram do mercado de trabalho quando têm filhos, mas, na maioria das vezes, esse movimento é feito pelas mães, o que afeta a trajetória profissional de todas as mulheres, inclusive das que não adaptam a carreira depois do nascimento de um filho e das que não desejam ser mães.[48] A defasagem de salários entre as mulheres que não interromperam sua carreira e as que pararam de trabalhar por razões familiares é explicada, sobretudo, pela diferença de experiência profissional. Em contrapartida, a defasagem de salário entre as mulheres cuja carreira foi contínua e os homens não é explicada por diferenças de características observáveis entre esses dois grupos.[49] As mulheres são, de modo geral, vistas como menos confiáveis e menos ligadas às suas carreiras, mesmo quando isso não acontece. O caráter sexuado da divisão do trabalho nos casais, portanto, produz uma discriminação.

As discriminações: da teoria à medida

Como explicar a existência de discriminações contra as mulheres ou contra as minorias em países democráticos onde a lei as proíbe? A teoria da discriminação de Becker leva a confiar no livre-mercado para eliminar esses fenômenos não igualitários (capítulo 3). Mas as desigualdades persistem, inclusive em um ambiente competitivo. O modelo neoclássico padrão supõe que os indivíduos dispõem de uma informação perfeita sobre todas as situações do mundo. Acontece que a imperfeição da informação e os custos dos processos de recrutamento ex-

---

[48] Na França, as mulheres que não querem ter filhos são censuradas. Ver, por exemplo, Mona Cholet, *Sorcières. La puissance invancue des femmes*, Paris: La Découverte, 2018, ou, ainda Elisabeth Badinter, *Le Conflit. La femme et la mère*, Paris: Flammarion, 2010. [*O conflito: a mulher e a mãe*, trad. de Vera Lúcia dos Reis, Rio de Janeiro: Record, 2011]. Na Alemanha, são as mães que trabalham que são estigmatizadas, o que leva as mulheres a desistir de ter filhos: 24% das alemãs nascidas em 1968 não tiveram filhos, contra 14% das francesas.

[49] Dominique Meurs, Ariane Pailhé e Sophie Ponthieux, "Child related Career Interruptions and the Gender Wage Gap in France", *Annales d'Économie et de Statistiques*, n° 99-100, p. 15-46, 2010.

plicam uma parte dos fenômenos discriminatórios:[50] empregadores só avaliam parcialmente a qualidade das candidaturas para um emprego ou uma promoção. Os currículos e a realização de entrevistas permitem classificar candidatos, mas um certo grau de incerteza permanece. Os empregadores se baseiam então em crenças relativas às características médias do grupo ao qual a pessoa pertence, ou se supõe que pertença, para recrutar o melhor candidato ou a melhor candidata.[51] Acontece que, em média, as mulheres reduzem seu envolvimento no mercado de trabalho quando têm filhos. Os empregadores preferem contratar um homem, que para eles pertence a um grupo considerado mais confiável. Os preconceitos de gênero que veiculam a ideia de que as mulheres seriam mais medrosas do que os homens diante do risco ou, ainda, menos inclinadas à competição, podem levar a excluir as candidaturas das mulheres a alguns cargos de direção. Do mesmo modo, os homens podem ser excluídos de certas profissões, como no setor de cuidado de crianças pequenas. Essa discriminação chamada de "estatística" parece racional na medida em que as crenças dos empregadores sobre as candidatas e os candidatos se apoiam sobre tudo o que eles podem saber a respeito das pessoas envolvidas. No entanto, isso não a torna uma decisão racional, ou seja, a melhor decisão a ser tomada diante de uma incerteza. Que risco o empregador está preparado para assumir? A

---

50 Kenneth Arrow, "The Theory of Discrimination", *working paper*, 403, Princeton University, 1971. No modelo de Arrow, os empregadores se baseiam em crenças, levando as empresas a recrutar apenas uma categoria de trabalhadores ou a oferecer salários mais baixos à categoria discriminada, por exemplo, a de mulheres. O modelo de Edmund Phelps é baseado em erros de medição assumidos como mais frequentes para certas categorias de trabalhadores. Edmund Phelps, "The Statistical Theory of Racism and Sexism", *American Economic Review*, 62 (4), p. 659-661,1972.

51 "The a priori belief in the probable preferability of a white or a male over a black or female candidate who is not known to differ in the other respects might stem from the employer's previous statistical experience with the two groups (members from the less favored groups might have been, and continue to be, hired at less favorable terms)." ["A crença *a priori* na provável preferência por candidatos brancos ou do sexo masculino em detrimento de negros ou do sexo feminino, que, até onde se sabe, não diferem em outros aspectos, pode ter suas raízes na experiência estatística prévia do empregador com os dois grupos (membros dos grupos menos favorecidos já foram e continuam sendo contratados em termos menos favoráveis)."] Edmund Phelps, "The Statistical Theory of Racism and Sexism", *op. cit.*

resposta para essa pergunta gera a uma discriminação que não repousa na avaliação de um risco, mas na escolha entre vários riscos.[52] Ou seja, o caráter estatístico da discriminação não permite justificar esse comportamento, que não deixa de ser contrário aos princípios de justiça social. Quer venha de preferências sexistas ou de um problema de informação, essa visão da discriminação não compreende o fenômeno em sua integridade. Uma abordagem dinâmica do fenômeno mostra que as escolhas podem ser influenciadas por experiências prévias de discriminação: por exemplo, as moças desistiriam de se engajar em algumas carreiras porque antecipam as dificuldades que teriam em crescer ali e se dirigem para formações que remuneram menos.[53] O mercado não pode enfrentar essa forma de discriminação, o que justifica a aplicação de políticas de igualdade salarial.

O quadro teórico neoclássico estabelece uma definição da discriminação em uma base individual e ignora o efeito das instituições, dos costumes, das normas e das relações interpessoais. O salário não é apenas um reflexo da produtividade dos trabalhadores, mas afeta essa produtividade: quando os indivíduos acreditam que a sua remuneração não corresponde ao valor do seu trabalho de maneira absoluta ou em relação aos outros, sua motivação é alterada e, portanto, a sua produtividade também.[54] A discriminação leva então a um processo autorrealizável: como os empregadores acham que as mulheres são menos produtivas, eles lhes pagam menos e, a partir disso, elas se tornam menos produtivas, pois consideram que de nada adianta fazer esforços que não serão

---

[52] Maxime Parodi, "De la discrimination statistique à la discrimination positive. Remarques sur l'inférence probabiliste", *Revue de OFCE*, n° 112, p. 63-85, 2010.

[53] Consultar o modelo teórico de Shelly J. Lundberg e Richard Startz, "Private Discriminatiion and Social Intervention in Competitive Labor Market", *The American Economic Review*, vol. 73, n° 3, p. 340-347, 1983.

[54] George A. Akerlof e Janet L. Yellen, "The Fair Wage-Effort Hypothesis and Unemployment" *The Quarterly Journal of Economics*, vol. 105, n° 2, p. 255-283, 1990. Morris Altman, "Labor Market Discrimination. Pay Inequality, and Effort Variability: An Alternative to the Neoclassic Model", *Eastern Economic Journal*, n° 21, p. 157-169, 1995.

reconhecidos ou recompensados. Em geral, a discriminação também produz uma segregação no mercado de trabalho,[55] levando a um efeito de concentração de mulheres em um leque mais restrito de profissões menos produtivas e em setores menos protegidos – por exemplo, no setor de serviços pessoais, as mulheres, ao menos na França, podem ter múltiplos empregadores e sofrem para fazer valer os seus direitos.[56]

O cruzamento da economia e da psicologia mostrou o papel das identidades, em especial daquelas que resultam das normas de gênero.[57] A estratificação social reúne os indivíduos em uma ou várias categorias regidas por normas identitárias múltiplas em termos de gênero, de classe social, de pertencimento a uma minoria etc. Sob o impulso dessas normas, o indivíduo segue prescrições de modo a manter uma imagem de si mesmo correspondente às expectativas sociais. Não respeitar essas injunções gera um custo psicológico e leva a sanções sociais impostas pelos outros. Um homem pode se sentir questionado em sua masculinidade se uma mulher faz o seu trabalho, que, segundo ele, é tipicamente masculino e vice-versa. As mulheres e os homens se engajam em carreiras respectivamente femininas e masculinas, o que resulta em uma segregação sexuada do emprego. Essa abordagem também permite cruzar diferentes tipos de identidade, lembrando assim um feminismo interseccional (uma mulher executiva branca não é submetida às mesmas injunções sociais que uma "trabalhadora migrante", por exemplo). Isso leva a recomendar

---

[55] Barbara R. Bergmann, "The Effect of White Incomes of Discrimination in Employment", *Journal of Political Economy*, vol. 79, n° 2, p. 294-313, 1971.

[56] Peter B. Doringer e Michael Piore, *Internal Labor Markets & Manpower Analysis*, Washington: Health and Company, 1971.

[57] Nancy Folbre formulou essa questão identitária ligada ao gênero: "Men may recognize that they have something to gain from excluding women from certain jobs (a strategic calculation). But they may also share the common attitude that certain jobs are simply more "appropriate" for men (an aspect of gender identity). ["Talvez os homens percebam que têm algo a ganhar com a exclusão das mulheres de determinados empregos (um cálculo estratégico). Mas eles podem, também, compartilhar da crença comum de que certos empregos são simplesmente mais "adequados" para os homens (um aspecto da identidade de gênero)."] Nancy Folbre, *Who Pays for the Kids, Gender and the Structures of Constraint*, Nova York: Routledge, p. 6, 1994.

políticas que reduzam a influência do gênero, por exemplo, modificando os nomes das profissões: em inglês, *fireman* passaria a ser *firefighters*.[58] Na França, a feminização dos nomes das profissões encontra uma forte resistência, e mais ainda quando se trata de uma função de prestígio: diz-se com facilidade *professora,* porém com mais dificuldade *professora adjunta* e, de jeito nenhum, *relatora* no Conselho de Estado.[59] A hierarquia entre o feminino e o masculino explica as oposições à feminização do nome das profissões de prestígio, conforme a valência diferencial dos sexos de Françoise Héritier (capítulo 2).

Para além da compreensão teórica dos mecanismos subjacentes às discriminações, medir o grau daquelas ligadas ao sexo é indispensável para defender a igualdade, ainda mais porque se dissemina o sentimento de que essas discriminações já ficaram para trás. Avaliar a discriminação *stricto sensu* exige que se possa isolar o efeito dos fatores discriminatórios daqueles devidos às diferenças de competências individuais (nível de instrução, experiência, talento...). A economia experimental se apoia no método do *testing*, que consiste em criar artificialmente duas candidaturas para uma mesma oferta de emprego, as duas sendo perfeitamente similares, com exceção da característica inicial, fonte de possível tratamento desfavorável. Toda diferença de acesso à entrevista de emprego entre duas candidaturas é atribuída à discriminação. As mulheres e as pessoas de origem estrangeira, de acordo com os resultados desse método, têm probabilidade menor de serem chamadas para uma entrevista de emprego.[60] Tais conclusões não podem, no entanto, ser generalizadas, pois o *tes-*

---

[58] George A. Akerlof e Rachel E. Kranton *Identity Economics. How our Identities Shape our Work, Wages, and Well-Being*, Princeton: Princeton University Press, 2010.

[59] Em francês, quase todas as profissionais são usadas no masculino, como professor (professeur), médico (médicin, docteur). No Brasil, esta reivindicação está explícita no uso de palavras como presidenta. (N.E.)

[60] Ver, por exemplo, Pascale Petit, Emmanuel Duguet, Yannick L'Horty, Loïc du Parquet e Florent Sari, "Discrimination à l'embauche des jeunes franciliens et intersectionalité du sexe e de l'origine. Les résultats d'un testing", *Travail, emploi et politiques publiques,* Rapport à l'Agence Nationale pour la Cohésion Sociale et l'Égalité des Chances, 2011.

ting fornece uma medida pontual e localizada da discriminação. Outros estudos se baseiam em setores de atividade que facilitam a medida da discriminação. Por exemplo, o recrutamento de músicos nas orquestras sinfônicas tem como especificidade o fato de que podemos apreciar a qualidade da candidatura sem ver a pessoa, a escuta basta para avaliar o desempenho. A utilização de um biombo que esconde a candidata ou o candidato durante o processo de recrutamento cria condições análogas a um experimento que permite avaliar a existência e a amplitude do processo de discriminação. Ao contrário das empresas, as orquestras sinfônicas são caracterizadas por uma estrutura de emprego idêntica e estável no tempo (tamanho da orquestra, tipo de instrumento e número de posições solistas ou dos demais músicos), o que permite avaliar o efeito dos processos de recrutamento no perfil das pessoas contratadas: o aumento da proporção de mulheres na orquestra não pode ser fruto de um aumento do número de postos já feminizados. Nesse campo, um estudo pioneiro mostrou que as musicistas têm uma probabilidade de avançar no processo de recrutamento e ser contratadas em maior número quando a audição é feita às cegas. A utilização tela que escondia a identidade da candidata ou candidato, permitiu aumentar o recrutamento de mulheres musicistas nos Estados Unidos.[61] Essa é uma ferramenta eficaz para corrigir o déficit de representação feminina no setor artístico da música clássica e para lutar contra as discriminações nos processos de contratação.[62]

De modo mais estrutural, a existência de desigualdades de salário entre sexos é incontestável, porém, a parcela dessa diferença que

---

[61] Claudia Goldin e Cecilia Rouse, "Orchestrating Impartiality: The Impact of 'Blind' Auditions on Female Musicians", *American Economic Review*, vol. 90, n° 4, p. 715-741, 2000.

[62] Uma pesquisa multidisciplinar cobrindo a França mostrou que existe, sem o biombo, um processo desigual desfavorável às mulheres durante o recrutamento de musicistas. Reguina Hatzipetrou-Andronikou, Chiara Noe, Hyacinthe Ravet e Hélène Périvier, "Écouter sans voir: l'impact du paravent dans le recrutement des orchestres em Ile-de-France", Relatório submetido à Alliance de Recherche sur les Discriminations (ARDIS), área de grande interesse: "gênero, desigualdade, discriminação", região Ile-de-France, jan. 2015. Ver também o projeto de pesquisa sobre as orquestras, a discriminação e o gênero (PRODIGE), financiado pela Agencia Nacional de Pesquisa (ANR, na sigla em francês) (projeto ANR, AAPG, ANR, 2017).

é contrária aos princípios da justiça permanece sujeita à discussão. Apresentada de uma maneira mais simples, a questão é distinguir, nas desigualdades entre os sexos, o que é da competência da biologia ou das preferências individuais, e o que resulta da discriminação na sua dimensão individual ou social. Em artigo publicado em 2009, dois economistas avaliaram que 14% da diferença de salário entre os sexos se deve ao absenteísmo das mulheres em decorrência da menstruação. Eles deduziram que somente subsídio salarial voltado às mulheres seria suscetível de compensar essa discrepância. Tal redistribuição dependeria, portanto, da vontade dos eleitores:

> A justificativa para tal subsídio dependeria, portanto, do gosto dos eleitores pela redistribuição.[63]

Esse estudo é objeto de controvérsias: alguns artigos apontam problemas metodológicos e questionam os pressupostos nos quais a pesquisa se apoia, e outros mostram, partindo de dados diferentes, que o absenteísmo das mulheres devido à menstruação explicaria menos de 1% de diferença de salário entre os sexos.[64]

As técnicas econométricas de decomposição da diferença salarial estimam o peso de diferentes fatores explicativos dessas desigualdades de salários (tempo de trabalho, experiência profissional, escolaridade, setor de atividade, tipo de cargo ocupado, entre outros), mas não permitem medir o que deriva de um processo discriminatório.[65] Identifi-

---

63 Andrea Ichino e Enrico Moretti, "Biological Gender Differences, Absenteisme, and the Earnings Gap", *American Economic Journal: Applied Economics*, vol. 1, n° 1, p. 183-218, 2009.

64 Mariesa A. Herrmann e Jonah E. Rockoff, "Do Menstrual Problems Explain Gender Gaps in Absenteeism and Earnings? Evidence from the National Health Interview Survey", *Labour Economics*, n. 24, p. 12-22, 2013. Mariesa H. Herrmann e Jonah E. Rockoff, "Does Menstruation explain Gender Gaps in Work Absenteeism?", *The Journal of Human Resources*, vol. 47, n° 2, p. 493-508, 2012. Hélène Périvier, "Règles et cycles de l'absentéisme féminin", *Travail, Genre et Sociétés*, vol. 21, n° 1, p. 189-194, 2009.

65 As estimativas de diferença de salário variam de acordo com a área considerada,, a definição da remuneração e o tipo de dados disponíveis. Por exemplo, um estudo mostra que, em 2012, na França, no âmbito restrito dos assalariados, fora da função pública, fora os executivos dirigentes e fora do setor agrícola, as mulheres ganhavam, em média, 25,7% a menos do que os homens. A discrepância

cam e medem a discrepância salarial em circunstâncias idênticas, isto é, mantidas todas as demais condições semelhantes, portanto, com trabalho igual, o que é muitas vezes comparado à discriminação pura. As desigualdades de salário são, portanto, em parte, explicadas por diferenças de status social e econômico: certamente as mulheres possuem níveis de escolaridade muitas vezes superiores aos dos homens, porém não seguem o mesmo tipo de formação; em geral, estão menos presentes em funções executivas ou de direção, sendo mais representadas em profissões que remuneram menos e suas carreiras são mais marcadas por interrupções e jornadas de meio período do que as dos homens.[66] Mas, por esses motivos, essas diferenças passariam a ser consideradas justas? A discriminação salarial não pode ser resumida a esse saldo de diferença de salário não explicado pelas características observáveis de mulheres e homens.[67] Outros estudos mostram que essas características são, também, por sua vez, fruto de discriminação. As escolhas por trajetórias distintas de orientação escolar e de formação são, em geral, guiadas pelas normas de gênero e por um sistema de orientação

---

de salário líquido por hora era de 16,3%. O fato de que as mulheres e os homens não têm a mesma ocupação explica 3,5% dessa discrepância, e as desigualdades de cada profissão explicam 2,3%. Sobra uma diferença de 10,5% que não é explicada pelas informações disponíveis nos dados. Ver Amine Chamkhi e Fabien Toutlemonde, "Ségrégation professionnelle et écarts de salaire femmes-hommes", *Dares Analyses*, n° 82, nov. 2015.

66 Na França, as mulheres ganham, em média, 25% menos do que os homens. Mais de um terço dessa diferença é devido ao tempo de trabalho; a diferença das taxas de salário por hora é de 16%; uma parte é devida à segregação de emprego (segregação setorial e das profissões); resta uma parte inexplicada pelas características observáveis de 10%. Amine Chamkhi e Fabien Toutlemonde, *op. cit.*

67 Desde de 1973, Ronald Oaxaca apontou essa dificuldade de interpretação às quais os métodos estatísticos não podem responder: "The differences could reflect the adaptation of women to the biases of the labor market; yet under the residual approach all differences in the characteristics contribute to a reduction of the wage differencial attributable to discrimination. The problem becomes one of how much of the observed differences individual characteristics would exist in absence of discrimination". ["As diferenças podem refletir a adaptação das mulheres aos vieses do mercado de trabalho; ainda assim, do ponto de vista da abordagem residual, todas as diferenças nas características contribuem para uma redução do diferencial salarial atribuível à discriminação. O problema se converte em saber quanto das diferenças observadas nas características individuais seriam percebidas na ausência da discriminação".] Ronald L. Oaxaca, "Male – Female Wage Differentials in Urban Labor Markets", *International Economics Review*, vol. 14, n° 3, p. 693-709, 1973, p. 708.

escolar marcado pelo gênero;[68] essas opções podem ser fruto de uma antecipação de discriminações futuras (conforme já mencionado). A sub-representação das mulheres em cargos de direção é, em parte, devida ao fato de serem discriminadas nas promoções: em circunstâncias iguais, a probabilidade de uma mulher ter acesso a um escalão superior é inferior à de um homem.[69] A segregação das profissões e a baixa remuneração das profissões ditas "femininas" levantam outra questão: a da hierarquia de salários e da classificação dos empregos.[70] Os critérios nos quais se apoia o valor dos empregos, tais como o esforço físico necessário ou a insalubridade do trabalho, o nível de responsabilidade, o nível de qualificação e a tecnicidade da função não estão isentos do viés de gênero. Os empregos masculinos estão associados ao *know-how* técnico, sendo que os empregos femininos são, muitas vezes, considerados como funções de apoio (*back office*) ou exigem, em grande parte, competências de relacionamento que seriam qualidades inatas, quase intuitivas das pessoas que ocupam esses postos, no caso, quase sempre, mulheres. A crise sanitária causada pela pandemia da Covid-19 evidenciou a subvalorização de algumas profissões da saúde, nas quais as mulheres predominam (em particular as auxiliares de enfermagem, as cuidadoras e as enfermeiras).[71] As condições de trabalho das profissões ligadas ao cuidado (*care*) precisam ser renegociadas, sobretudo os salários e as qualificações, dos quais dependem a qualidade do serviço prestado e a atratividade do setor.

—

68 Françoise Vouillot, "L'orientation aux prises avec le genre", *Travail, Genre et Sociétés*, vol. 18, n° 2, p. 87-108, 2007.

69 Laurent Gobillon, Dominique Meurs e Sébastien Roux, "Estimating Gender Differences in Access to Jobs", *Journal of Labor Economics*, vol. 33, n° 2, p. 317-363, 2015.

70 Séverine Lemière e Rachel Silvera, "Un salaire égal pour un travail de valeur comparable entre les femmes et les hommes. Résultats de comparaisons d'emplois", *La Revue de l'IRES*, vol. 66, n° 3, p. 63-92, 2010.

71 Bem antes da crise sanitária de 2020, Séverine Lemière e Rachel Silvera afirmaram: "As reformas atuais do hospital voltadas para a gestão de qualidade, ou as próximas reformas sobre tabelamento de tarifas por procedimento, não vão necessariamente facilitar essa valorização do relacional, muito pelo contrário. No fundo, o que está colocado é considerar que o relacional deriva de uma tecnicidade e não de comportamentos individuais (empatia, altruísmo...), mesmo que essa dimensão intervenha". *Ibid.*, p. 76-77.

Capítulo 6

A PRIORIDADE DA IGUALDADE

Em um mundo onde os recursos são escassos, uma das tarefas das ciencias economicas é encontrar a melhor maneira de alocá-los. A avaliação custo-benefício é útil para a aplicação do princípio de igualdade quando se trata de escolher os instrumentos mais eficientes, que permitem atingir os objetivos estabelecidos com menor custo. A análise econômica se coloca aqui a serviço do bem comum, no caso, a igualdade dos sexos. As justificativas das políticas de igualdade por suas performances econômicas e sociais se distinguem dessa abordagem na medida em que esta última consiste em avaliar não a eficácia das políticas na redução das desigualdades, mas sim o desempenho que podemos esperar daí. Trata-se de legitimar essas políticas mostrando que são rentáveis e que todos ganham. A narrativa passa a ser a de uma convergência entre os objetivos políticos e jurídicos de igualdade, os éticos, de uma sociedade boa, e os objetivos econômicos de uma sociedade eficiente e produtiva.[1] Assim, as discriminações são reduzidas a uma questão de alocação dos recursos, que provocaria um entrave no crescimento econômico ou nos lucros das empresas.

Essa dinâmica se insere ora em uma doutrina profundamente neoliberal (se a igualdade permite um melhor funcionamento da concorrência, então é conveniente promovê-la), ora em uma abordagem estratégica, (já que a afirmação do princípio de justiça não basta, por si só, para convencer a pertinência das políticas de igualdade julgadas *a priori* muito caras, então, promovê-las enquanto um meio, ao invés de um fim, já constitui um avanço). Nesse cenário de renovação neolibe-

---

[1] Réjane Sénac, *L'Égalité sous conditions. Genre, parité, diversité*, Paris: Presses de Sciences Po, 2015.

ral, o papel das economistas e dos economistas seria o de dar a última palavra, sempre se colocando do lado da eficiência: as discriminações são caras? Será que a ausência de mulheres nos conselhos administrativos pesa no desempenho das empresas? Embora seja fundamental julgar a eficiência de uma política de acordo com as metas que ela consegue atingir, não podemos avaliar a pertinência de um objetivo como a igualdade entre os sexos apenas nos baseando na eficiência econômica.

Um sistema de opressão que limita a liberdade de certos grupos de pessoas não é compatível com o ideal democrático, mesmo que produza riquezas. Não aceitaríamos o restabelecimento da escravidão, mesmo que se revelasse rentável,[2] pois se trata de uma violação dos direitos humanos e das liberdades individuais. De modo simétrico, é arriscado justificar a igualdade, ou a luta contra as discriminações, em nome da performance econômica. Seja ela ideológica ou estratégica, a abordagem instrumental da igualdade põe em perigo o próprio princípio de justiça. Ela nos afasta da dinâmica humanista estabelecida pelas instituições supranacionais durante a primeira metade do século XX. Apesar disso, as condições de produção e as expectativas econômicas desempenham um papel em matéria de progresso social.

A Europa, a igualdade e a concorrência leal

As instituições europeias se gabam de ter como valor fundador o princípio de igualdade mulheres-homens.[3] Desde o tratado de Roma, assinado em 1957, a questão de igualdade de remuneração foi objeto de negociações que resultaram na adoção do artigo 119, que garantia "a aplicação do princípio de igualdade das remunerações entre os trabalhadores mascu-

---

2 A escravidão nos Estados Unidos foi uma instituição eficiente e rentável; consultar os trabalhos pioneiros de cliometria do economista estadunidense Robert William Fogel (1926-2013), que recebeu o prêmio Nobel de Economia em 1993. Robert William Fogel e Stanley L. Engerman, *Time on the Cross, The Economics of American Negro Slavery*, vol. I, Boston/Toronto: Little Brown and Company, 1974.

3 Disponível em: https://ec.europa.eu/commission/presscorner/detail/en/MEMO_07_426. Acesso em janeiro de 2023.

linos e as trabalhadoras femininas por um mesmo trabalho". As motivações que levaram os países signatários[4] a adotarem esse artigo não estão ligadas a considerações de justiça, pelo menos não diretamente, ou a valores igualitários aos quais os países membros teriam aderido na época. Antes de tudo, as motivações foram de ordem econômica, pois o tratado de Roma visava à integração econômica e não uma união política. A genealogia do artigo 119 mostra que as ligações dos objetivos econômicos, como a organização do comércio e da produção, com os objetivos políticos, como a igualdade dos sexos, são plurívocas.

No contexto das negociações prévias à assinatura do tratado de Roma, a França exigiu um artigo sobre a igualdade de remuneração. De fato, ao contrário dos seus parceiros, sobretudo a Alemanha, ela já havia adotado disposições legislativas a respeito dos salários das mulheres e da igualdade salarial. No quadro da reestruturação das relações profissionais ao fim da Segunda Guerra Mundial, o Estado francês reformulou as classificações profissionais e uma hierarquia salarial que afirmava o princípio de igualdade de remuneração em algumas áreas.[5] Os sindicatos masculinos foram favoráveis a isso, pois encaravam o baixo salário das mulheres como uma ameaça ao emprego e ao salário dos homens. Em julho de 1946, o decreto Croizat elimina o abatimento de 10%, que era sistematicamente aplicado aos salários das mulheres. Finalmente, a lei de 11 de fevereiro de 1950 generaliza as convenções coletivas e introduz o princípio "para trabalho igual, salário igual".[6] Mesmo que as discriminações e as desigualdades salariais não tenham desaparecido – longe disso – a França se engajou em uma dinâmica que outros países ainda não tinham sequer iniciado. Convencida de seus avanços sociais, a França temia que uma abertura de concorrência no mercado de bens e serviços prejudicas-

---

4 Alemanha, Bélgica, França, Itália, Luxemburgo e Holanda.

5 Jean Saglio, "Les arrêtés Parodi sur les salaires: un moment de la construction de la place de l'État dans le système français de relations professionnelles", *Travail et Emploi*, n. 111, p. 53-73, 2007.

6 Rachel Silvera, *Un quart en moins. Des femme se battent pour en finir avec les inégalités de salaire*, Paris: La Découverte, 2014.

se os setores produtivos onde a proporção de mulheres era importante, sobretudo no setor têxtil.[7] Em 1956, a Organização Internacional do Trabalho (OIT), consciente desses desafios, encomendou um relatório sobre as consequências sociais da integração econômica europeia no âmbito de uma comissão presidida pelo economista Bertil Ohlin.[8] A questão de igualdade salarial foi levantada explicitamente (ponto 162, página 64) e, apoiado em dados, o relatório denunciou o risco de concorrência desleal nas indústrias altamente feminizadas.[9] As discrepâncias em matéria de direitos sociais entre os países membros exigiam uma regulação do mercado de trabalho para evitar distorções na concorrência dentro do mercado comum. Os debates que levaram à conclusão do artigo 119 não mencionaram as discussões relativas aos direitos das mulheres e à justa remuneração do seu trabalho.[10] A inscrição do princípio de igualdade de remuneração no tratado de Roma foi, portanto, motivada por considerações econômicas.

No entanto, os princípios de justiça não eram estranhos a essa dinâmica. Na verdade, a medida se inseria no contexto internacional de afirmação dos direitos humanos dos anos de pós-guerra. A declaração de Filadélfia de 1944 reforçou as missões da OIT e proclamou que:

> [...] todos os seres humanos, qualquer que seja a sua raça, a sua crença ou o seu sexo, têm o direito de buscar o seu progresso material e o seu desenvolvimento espiritual em liberdade e com dignidade, com segurança econômica e oportunidades iguais.

---

[7] Mariagrazia Rossilli, "The European Community Policy on the Equality of Women, From the Treaty of Rome to the Present", *The European Journal of Women's Studies*, vol. 4, n° 1, p. 63-82, 1997.

[8] Bertil Ohlin (1899-1979), economista sueco, recebeu o prêmio Nobel de Economia em 1977 por seus trabalhos sobre a economia internacional e a abertura dos mercados.

[9] *Social Aspects of European Economic Co-operation. Report by a Group of Experts*, Genebra: International Labour Office, 1956. Disponível em: http://ilo.org/public/libdoc/ilo/ILO-SR/ILO-SR_NS46_engl.pdf. Acesso em janeiro de 2023.

[10] Catherine Hoskyns, *Integrating Gender, Women, Law and Politics in the European Union*, Londres: Verso, 1996.

O princípio de igualdade tal como foi enunciado na declaração de Filadélfia não se apoia no interesse econômico que haveria em promover a igualdade entre mulheres e homens, mas é afirmado como um princípio de justiça.[11] Dois anos depois, a Declaração Universal de Direitos do Homem das Nações Unidas, de 1946, afirmou no seu preâmbulo "igualdade dos direitos dos homens e das mulheres".[12] Finalmente, segundo a convenção nº 100 da OIT, em 1951, temos:

> Cada membro deverá, por meios adaptados aos métodos em vigor para a fixação das taxas de remuneração, incentivar e, na medida em que isto seja compatível com os ditos métodos, assegurar a aplicação a todos os trabalhadores do princípio de igualdade de remuneração para a mão de obra masculina e a mão de obra feminina por um trabalho de igual valor.[13]

Alguns países europeus aderiram a esses princípios declarativos mais rapidamente do que outros, como a Bélgica e a França, que ratificaram a convenção nº 100, respectivamente em 1952 e 1953.[14] Esses países trouxeram em seu rasto os parceiros signatários do tratado de Roma, para limitar a distorção de concorrência que resultaria de uma adesão não uniforme a esse princípio em um espaço econômico integrado. A harmonização das disposições sociais resultantes das negociações que precederam a assinatura do tratado de Roma foi feita generalizando o princípio de igualdade de remuneração nos países que ainda não haviam se integrado; nos que o haviam adotado, pediu-se sua manutenção. Recuando um pouco mais, na gênese dos textos que tra-

---

11 Alain Supiot, *O espírito de Filadélfia. A justiça social diante do mercado total*, Porto Alegre: Sulina, 2014.

12 Disponível em: www.ohchr.org/EN/UDHR/ Documents/ UDHR- translations/frn.pdf. Acesso em janeiro de 2023.

13 Disponível em: www.ilo.org/dyn/normlex/fr/f?p=NORMLEXPUB:12100:0::NO::P12100_INSTRUMENT_ID:312245. Acesso em janeiro de 2023.

14 Alemanha e Itália assinaram a convenção em 1956, Luxemburgo, em 1967 e Países Baixos em 1871.

tam de igualdade salarial, também encontramos motivações de ordem econômica: o texto fundador da OIT, de 1919, inclui a inscrição do "princípio do salário igual, sem distinção de sexo para um trabalho de valor igual" (Seção II, Artigo 427, 7).[15] Essa atenção especial à igualdade é explicada, em parte, pelo receio que os sindicatos tinham de ver os salários dos homens diminuir. Na verdade, durante a Primeira Guerra Mundial, as mulheres haviam ocupado os postos de trabalho reservados aos homens em tempos de paz, com salários mais baixos. Defender a igualdade de remuneração permitiria conter a concorrência desleal representada pelas mulheres.[16]

A genealogia das razões invocadas para afirmar o princípio de igualdade de remuneração mostra que o argumento econômico se articula continuamente com o da justiça social. Essa dialética levou os atores do momento a alternadamente destacarem um deles ou reafirmarem o outro. Durante as negociações do tratado de Roma, as diferenças entre os países a respeito do direito a férias remuneradas, a regulamentação do tempo de trabalho e ainda o pagamento de horas extras eram igualmente identificados como uma fonte de distorção de concorrência. Não se trata, portanto, de questionar a importância dada à igualdade entre os sexos ao longo das negociações entre os países signatários, mas sim a própria natureza do tratado que visava à integração econômica e não à harmonização das políticas sociais dos países parceiros. Na época, a perspectiva era, provavelmente, a menos conflituosa para negociar e tornar possível uma aproximação dos países europeus.

Inserido para fins de regulamentação da concorrência, o artigo 119 do tratado de Roma se tornou um pilar da construção do direito europeu em matéria de igualdade e de luta contra as dis-

---

15 Disponível em: http://www.ilo.org/public/libdoc/ilo/1920/20B09_18_fren.pdf. Acesso em janeiro de 2023.

16 Catherine Hoskyns, op. cit. Chrystalla A. Ellina, *Promoting Women's Rights, The Politics of Gender in the European Union*, Londres: Routledge, 2004.

criminações. No fim dos anos 1970, sob o impulso de movimentos feministas, esse princípio foi progressivamente ativado e tornou-se fundador das instituições europeias.[17] Em 1971, a Corte de Justiça da Comunidade Europeia se referiu a ele para afirmar que a eliminação das discriminações fundamentadas no sexo fazia parte dos princípios gerais do direito comunitário (decreto *Defrenne*).[18] A diretiva de 1976 (76/ 207) estendeu o campo da igualdade das remunerações para todas as condições de recrutamento, de formação e de condições de trabalho. Originado de uma ferramenta de regulamentação do mercado comum, ele se tornou também um princípio de direito.[19] A integração econômica europeia levou a harmonizar a exigência de igualdade salarial, difundindo sua adoção a todos os países membros. Essa dinâmica foi insuflada pela OIT, que defendeu os direitos dos trabalhadores e trabalhadoras em uma perspectiva de justiça social, o que faz dela uma instituição internacional totalmente à parte. A influência neoliberal dos anos 1970 a 1990 designou o mercado como modo de regulamentação das sociedades, deixando a igualdade de lado. Desde os anos 1990, uma renovação da abordagem neoliberal reintegrou a questão de igualdade, não pelo que ela é, mas como fator de desempenho e eficácia do mercado. Essa perspectiva defende um neoliberalismo que não exclui mais a igualdade do campo da análise econômica, mas a torna um instrumento a seu serviço.

---

[17] Christine Booth e Cinnamon Bennet, "Gender Mainstreaming in the European Union. Towards a New Conception and Practice of Equal Opportunities?", *The European Journal of Women's Studies*, vol. 9, nº 4, p. 430-446, 2002.

[18] CJCE, *Gabrielle Defrenne c/ État belge*, 25 de maio de 1971, aff.80/70. Disponível em: http://eur-lex-europa.eu/legal-content/FR/ALL/?uri=CELEX%3A61970CJ0080. Acesso em janeiro de 2023.

[19] Françoise Milewski e Réjane Sénac, "L'égalité femmes-hommes. Un défi européen au croisement de l'économique, du juridique et du politique", *Revue de l'OFCE*, vol. 134, nº 3, p. 20-213, 2014.

O novo espírito do neoliberalismo

Para compreender o que envolve esse novo espírito, é necessário voltar aos fundamentos do neoliberalismo. A liberdade econômica é um componente da liberdade e, em sentido amplo, é portanto um fim em si. No entanto, sob a ótica neoliberal, trata-se de um pré-requisito da liberdade política;[20] assim, a liberdade econômica se torna determinante para a formação da soberania política. O imperialismo da abordagem neoclássica formaliza esse neoliberalismo ao fazer do mercado o modo de regulação das sociedades (capítulo 1). Essa governamentabilidade organiza a competição em todos os níveis e em todas as áreas (por exemplo, assegurando o respeito aos direitos de propriedade, mas também a competição sistemática dos indivíduos). O neoliberalismo, portanto, não é sinônimo de uma retração do Estado, ao contrário, pois se trata de fazer da economia de mercado a grande ciência do governo, como mostrou Michel Foucault já nos fins dos anos 1970.[21] Qual o melhor estilo de governo para organizar a competição? O neoliberalismo se acomoda tanto com a democracia quanto com um Estado forte e até mesmo ditatorial. No cenário democrático, trata-se de convencer o maior número de pessoas de que as liberdades econômicas são a base da prosperidade para todos. No decorrer dos anos 1970 e 1980, Milton Friedman se empenha em difundir o pensamento neoliberal para além do círculo dos economistas, por meio do programa de televisão *Free to Choose*, que produz com a esposa Rose. Ele se dirigia a um público neófito e tornava comum a ideia de que a concorrência de mercado era a única saída para defen-

---

20 "De um lado, a liberdade econômica é, ela mesma, um componente da liberdade no sentido amplo, tanto assim que ela é um fim em si. Por outro lado, a liberdade econômica é indispensável como meio de obter a liberdade política." Friedman, *Capitalism and Freedom*, Chicago (Ill.), University of Chicago Press, 1962, p. 202 [Ed. bras: *Capitalismo e liberdade*, São Paulo: Editora LTC, 2014].

21 Governamentabilidade é um conceito elaborado por Foucault para definir as relações entre os mecanismos de poder e as práticas de governo, com o objetivo da sujeição dos indivíduos e, também, a relação e o governo que o indivíduo estabelece consigo mesmo e com os outros (Foucault, *Dits et écrits*, 1954-1988, Vol. 3, p.642). (N.T.)

der as liberdades em geral. Um Estado forte e até ditatorial é igualmente compatível com a visão neoliberal, enquanto se alinhar com o liberalismo econômico e com as regras que o acompanham. No Chile, os famosos *Chicago boys*, formados na Universidade de Chicago, não hesitaram em se associar à ditadura de Augusto Pinochet para impor a reviravolta neoliberal na economia chilena, cujo preço a pagar foi o fim da democracia. A ditadura repressiva teve, além do mais, permissão de sufocar as revoltas e reivindicações sociais diante do tratamento de choque sofrido pela sociedade chilena.[22] Depois de uma breve estada no Chile em 1975, Friedman mandou para Pinochet, a seu pedido, um documento no qual detalhava os seus conselhos para uma política econômica que tirasse o país de uma situação econômica desastrosa, caracterizada pela inflação, endividamento e grande pobreza. Será que isso o tornou um conselheiro ou, pior, um cúmplice desse regime repressivo? Muitos procuraram reabilitar a imagem de Friedman, nuançando suas relações com a ditadura chilena,[23] mas a sua memória e o seu engajamento pessoal pouco importam. Esse momento da história do Chile mostra que a doutrina neoliberal coloca as liberdades econômicas acima das liberdades políticas. Becker disse que a colaboração dos *Chicago boys* com a ditadura militar foi a me-

---

[22] Emmanuel Garate, op. cit, "La "Révolution économique" au Chili. À la recherche de l'utopie néoconservatrice, 1973-2003", *op. cit.*

[23] "Chicago had of course a connection to Chile, but Milton was not it: Al Harberger and Larry Sjaastad and Gregg Lewis were; not Milton. I, Deirdre McCloskey, probably taught more future Chilean economists associated with torturing and murdering citizens in soccer stadiums than Milton did, as did many of us, to our regret." ["É claro que Chicago tinha uma conexão com o Chile, mas essa conexão não era Milton: Al Harberger, Larry Sjaastad e Greg Lewis, sim; Milton, não. Eu, Deirdre McCloskey, provavelmente formei mais futuros economistas chilenos associados à tortura e ao assassinato de cidadãos nos estádios de futebol do que Milton, assim como muitos de nós, para nosso arrependimento."] Disponível em: www.deirdremc-closkey.com/editorials/milton.php. "He [Milton Friedman] turned down two honorary degrees from Chilean universities because they were state universities under Pinochet." ["Ele [Milton Friedman] recusou dois títulos honorários de universidades chilenas por serem universidades públicas sob o regime de Pinochet."] Gary S. Becker, "Observations on the Milton Friedman Institute at the University of Chicago", in *The Becker-Posner Blog*, 26 out. 2008.

lhor coisa que aconteceu ao Chile[24] e Hayek afirmou: "Pessoalmente, prefiro um ditador liberal a um governo democrático em que falte liberalismo."[25]

O neoliberalismo tampouco é sinônimo de progressismo, ele combina bem com conservadorismo, como confirma o governo de Ronald Reagan[26]. Reagan apregoava os valores familiares conservadores e era contrário à legalização do aborto. Além disso, ele não queria a ratificação da lei ERA (*Equal Rights Amendement* [Emenda por Direitos Iguais]), que visava inserir a igualdade de sexos na Constituição americana,[27] por medo de ver a ordem familiar desestabilizada.[28]

A doutrina neoliberal implementa a competição e a seleção dos indivíduos ao se referir a um naturalismo darwiniano. Trata-se de adaptar as pessoas a esse ambiente de competição e de organizar a mutação da espécie humana para selecionar os melhores, em uma escala de eficiência.[29] Tal doutrina levou a uma mutação da organização do trabalho nas empresas desde o fim dos anos 1970. A organização hierarquizada foi abandonada em benefício de uma forma de administração em rede, que se baseia na autonomia e na responsabilidade individual.[30]

---

24 "In retrospect, their willingness to work for a cruel dictator and start a different economic approach was one of the best things that happened to Chile." ["Em retrospecto, a disposição deles de trabalhar para um ditador cruel e dar início a uma abordagem econômica diferente foi uma das melhores coisas que aconteceram no Chile."] Gary S. Becker, "What Latin America Own to the 'Chicago Boys'", in *Hoover Digest*, n. 4, 30 out. 1997.

25 Entrevista para o jornal chileno *El Mercurio*, 12 abr. 1981.

26 Reagan foi presidente dos Estados Unidos por dois mandatos, de 1981 a 1989. (N.E.)

27 A ERA foi adotada pelo Congresso em 1972. Para inseri-la na Constituição, precisou ser ratificada por três quartos dos estados. Em 2020, 38 estados a adotaram, o que abriu um debate para uma possível adoção. Veja a minissérie *Mrs. America*, que retrata a oposição à ratificação da ERA, originada de movimentos conservadores de mulheres nos anos 1970, cujos votos foram decisivos para a eleição de Reagan em 1980.

28 Françoise Coste, "'Women, Ladies, Girls, Gals...' Ronald Reagan and the Evolution of Gender Roles in the United States", *Miranda, Revue pluridisciplinaire du Monde Anglophone* [na Internet], n. 12, 2016.

29 Barbara Stiegler, "Il faut s'adapter". Sur un nouvel impératif politique, *op. cit.*

30 Luc Boltanski e Eve Chiapello, *Le Nouvel Esprit du capitalisme*, Paris: Gallimard, [1999] 2011.

A reviravolta neoliberal marca, também, uma mudança dos discursos relativos à luta contra a pobreza, passando de uma abordagem fundamentada na assistência às pessoas pobres, para uma que se centra na eficiência de programas sociais voltados para a incitação ao trabalho. As ajudas sociais dissuadiriam os beneficiários de procurar um emprego, pois não sairiam ganhando do ponto de vista financeiro, isso os desviaria do mercado de trabalho, mantendo um sistema "assitencialista". Essa mudança é mais ou menos marcada de acordo com cada país. Em 1976, Reagan fez campanha nos Estados Unidos denunciando a *Welfare Queen* [Rainha do Bem-Estar], ícone da fraude social. Ele usou a imagem sexista e racista da mulher negra do subúrbio de Chicago, que desafiaria o Estado de bem-estar social estadunidense ao viver de ajuda social e cultivando o gosto pela preguiça. Sem nenhuma realidade estatística, essa alegoria visava denunciar a ineficácia dos programas sociais oriundos dos anos 1930.[31] Em 1996, uma reforma da ajuda social, votada na presidência de Bill Clinton, institucionalizou o *workfare* como modo de regulamentação da pobreza. O programa social *Aid For Families with Dependant Children*, que dizia respeito essencialmente às mães sem parceiro, quase sempre negras, tornou-se o *Temporary Aid for Needy Family*, cuja elegibilidade exigia um número mínimo de horas de trabalho e era limitado a cinco anos por pessoa. Essa reforma pôs fim ao maternalismo estadunidense, no sentido em que se tratava de encorajar as mães sem parceiro a retomar um emprego, em vez de ficarem economicamente dependentes da solidariedade nacional. Os resultados em matéria de luta contra a pobreza e acesso ao emprego são controversos. A participação das mães *solo* no mercado de trabalho cresceu incontestavelmente, mas as mulheres em situações mais vulneráveis viram a sua situação se degradar. Elas eram confrontadas com problemas de trans-

---

31 Nos Estados Unidos, o *Social Security Act*, votado em 1935, instaurou o maternalismo estadunidense: a base de benefício generosa não se aplicava ao setor agrícola nem à domesticidade, setores nos quais as mulheres e os negros são super-representados, e a base assistencial sortida de fracas ajudas sociais estigmatizantes visava as mães solteiras pobres (*Aid to Families with Dependant Children*) que não podiam contar com a renda de um cônjuge para criar os filhos.

porte, de guarda dos filhos, de horários de trabalho atípicos e imprevisíveis, ainda mais porque viviam em zonas mais atingidas pela pobreza, quase desprovidas de serviços públicos, ou em zonas rurais onde os salários eram muito baixos. Robert Solow comentou assim a reforma: "O que dizer de uma política que põe parte da população assistida no trabalho, mas que a deixa em situação mais precária do que antes e esquece totalmente a fração restante?"[32] A participação das mulheres no mercado de trabalho é uma condição necessária para sua emancipação, mas não é suficiente: as condições para exercer esse trabalho, o tipo do emprego ocupado e a qualidade desse emprego são determinantes. A abordagem pela responsabilização individual encontra aqui os seus limites para lutar contra as desigualdades.

A partir dos anos 2000, houve uma mudança no discurso neoliberal. Até então, a igualdade dos sexos nas suas múltiplas dimensões era percebida apenas como uma consequência possível e certamente ilusória de uma sociedade competitiva. No século XXI, passa a ser promovida em nome de benefícios econômicos reais ou fantasiosos que ela produziria. Enquanto o neoliberalismo versão "escola de Chicago" afirma que a concorrência de mercado é eficaz e elimina a discriminação, o novo espírito do neoliberalismo considera que a luta contra as discriminações permite aos mercados funcionarem de modo eficiente.[33] Essa reviravolta tem o mérito de dar lugar aos princípios de justiça, tais como a igualdade – mas trata-se, ao mesmo tempo, de pô-los a serviço do funcionamento da concorrência e do melhor desempenho. Essa nova orientação neoliberal se origina mais dos atores sociais e das instituições nacionais e internacionais do que de uma reflexão universitária. Em oposição ao imperialismo neoclássico, que forneceu um quadro teó-

---

[32] Robert M. Solow, economista estadunidense, recebeu o prêmio Nobel de Economia em 1987. Robert M. Solow, "Guess Who Pays for Workfare?", *New York Review of Books*, v. 45, n. 17, p. 27-37, 1998. Robert M. Solow, "Quelques enseignements de la réforme de l'aide sociale aux États-Unis, *Prisme*, n. 2, p. 1-18, 2003.

[33] Hélène Périvier e Réjane Sénac, "The New Spirit of Neo-Liberalism: Equality and Economic Prosperity", *International Social Sciences Journal*, v. 67, n. 223-224, p. 31-42, 2018.

rico ao neoliberalismo, a contribuição dos/das economistas ao advento desse novo espírito do neoliberalismo se reduz a fornecer a prova de que as discriminações têm um custo ou a demonstrar que a igualdade produz resultados. Sua contribuição não é doutrinária, ao contrário do neoliberalismo estadunidense, mas, sobretudo, operacional: trata-se de provar que a igualdade permite (ou não) um ganho em riqueza material. Mostrar o custo das discriminações, ou ainda o ganho que se pode obter no combate a elas, permite produzir o *business case*, a saber, o estudo das oportunidades de políticas antidiscriminatórias (podem parecer caras a curto prazo, mas são lucrativas a longo prazo). A perda de renda decorrente das discriminações contra as mulheres no mundo representaria 16% do PIB mundial.[34] Da mesma forma, as leis que restringem os direitos das mulheres em alguns países (lei sobre herança, propriedade, liberdade de trabalhar, de abrir conta em banco, entre outras)[35] pesam no crescimento econômico.[36] Em 2015, o governo francês confiou à France Stratégie[37] a missão de avaliar o custo econômico das discriminações:

> [...] de um ponto de vista econômico as discriminações se traduzem por um deixar de ganhar, tanto para as vítimas, quanto para toda a sociedade.

Segundo esse relatório, a luta contra as discriminações, assegurando uma melhor alocação dos talentos e eliminando certas barreiras

---

34 Gaëlle Ferrant e Keiko Nowacka, "Measuring the Drivers of Gender Inequality and their Impact on Development: The Role of Discriminatory Social Institutions", *Gender & Development*, v. 23, n. 2, p. 319-332, 2015.

35 A OCDE propõe um indicador compósito das discriminações inerentes às "instituições sociais", o SIGI (Social Institutions and Gender Index). Esse indicador agrupa os fatores discriminatórios em cinco categorias: o código civil, as violências e os atentados à integridade física, as preferências concedidas aos homens, o acesso aos recursos e às liberdades civis.

36 Christian Gonzales, Sonali Jain-Chandra, Kochhar Kalpana e Monique Newiak, *Fair Play: More Equal Laws Boost Female Labor Force Participation*, IMF Staff Discussion Note, Washington (D.C.): Fundo Monetário Internacional, fev. 2015.

37 Instituição autônoma ligada ao primeiro-ministro que contribui para a ação pública através de análises e propostas. (N.T.)

para ter acesso ao emprego, poderia aumentar o PIB francês na ordem de 7% ao ano.[38]

As grandes empresas globalizadas também recorrem à igualdade como uma ferramenta de desempenho. Trata-se, por exemplo, de ajustar o ciclo de vida das mulheres com o da empresa. Assim, desde 2014, Apple e Facebook propuseram cobrir o custo do congelamento dos ovócitos de suas funcionárias. As mulheres podem retardar o momento de uma gravidez sem desistir da carreira. O objetivo é reduzir as críticas, combater o "teto de vidro" e atrair mulheres talentosas e qualificadas para um setor em que ainda são pouco numerosas. Os progressos em matéria de procriação aumentam as possibilidades que as mulheres têm de controlar o corpo. O acesso à contracepção e o direito à interrupção voluntária da gravidez foram, como já visto, avanços decisivos que lhes permitiram não ter filhos sem renunciar à sexualidade. O congelamento de ovócitos representa ainda mais possibilidades para as mulheres em sua relação com a maternidade, lembrando que os homens já eram capazes de congelar seu esperma há muito tempo. O problema aqui não é a tecnologia em si, e sim o uso que as multinacionais fazem dessa tecnologia a serviço das mulheres. Apple e Facebook oferecem às suas funcionárias um meio de adaptar o corpo às exigências de uma carreira para permitir que possam jogar o mesmo jogo dos homens. O elevador profissional foi projetado dentro do cenário regulado do Senhor Ganha-pão, sem considerar a formação da família. Mas essa possibilidade de contornar o relógio biológico oferecida às funcionárias é potencialmente portadora de uma nova forma de opressão: uma mulher que desejasse fazer carreira e decidisse ter um filho aos 30 anos poderia ser considerada como não suficientemente dedicada ao seu projeto profissional e, por isso, ser posta de lado. De uma maneira global, essa abordagem pode mascarar os problemas de articulação entre a vida familiar e a vida profissional com os quais todas as mulheres

---

[38] Disponível em: https://www.strategie.gouv.fr/publications/cout-economique-discriminations. Acesso em janeiro de 2023.

são confrontadas.[39] Nesse sentido, tal abordagem se assemelha a uma forma de neoliberalismo. Também está enraizada em um feminismo individualista que promove a luta contra as desigualdades ao convidar as mulheres a se emancipar e a defender seus direitos individuais. Se as mulheres querem o poder, então podem obtê-lo tendo confiança em si mesmas.[40] São empresárias delas mesmas, são a *femina œconomica*.[41] Essa doutrina rejeita o essencialismo que isolaria as mulheres em alguns papéis e as impediria de seguir a via dos homens. Mas, assim como a do *homo oeconomicus*, essa doutrina ignora o fato de que a estrutura social produz opressões e injunções que não afetam as mulheres e os homens da mesma maneira e cuja influência varia segundo a classe social, a origem étnica, entre outros fatores. Essa crítica foi enunciada, como visto anteriormente (capítulo 3), por Arruzza, Bhattacharya e Fraser no *Manifesto para os 99%*.

Defender a igualdade por ela mesma

Uma vez que a eficiência das políticas é avaliada em função da capacidade de atender seus objetivos, então a maneira de promovê-las e justificá-las não é anódina. Isso determina o referencial a partir do qual serão julgadas. Ao recorrer ao argumento do desempenho econômico para defender as políticas de igualdade, nos comprometemos com a promessa de que elas serão fonte de enriquecimento. O problema é duplo: as discriminações nem sempre são ineficazes e, quando são, a concorrência nem sempre pode eliminá-las. A luta contra as discriminações não é portanto uma questão relativa de alocação ótima de recursos, mas remete à sua justa redistribuição justa. Para explicitar

---

39 Naomi R. Cahn e June Carbone, "The Gender/Class Divide: Reproduction, Privilege and the Workplace", *8 Fla.Int'U.L. Tev. GW Law School Public Law and Legal Theory GW Legal Studies Research Paper*, n. 93, p. 287-316, 2013.

40 Sheryl Sandberg, *Lean in. Women, Work and the Will to Lead*, Londres: WH Allen, 2015, p. 231.

41 Catherine Rottemberg, "Women who Work: The Limits of the Neoliberal Feminist Paradigm", *Gender, Work and Organization*, v. 26, n. 8, p. 1073-1082, 2019.

o perigo que reside em justificar a igualdade pela eficácia, é preciso levar a sério a avaliação da performance que poderia ser feita. Ao se revelar que, em alguns casos, as discriminações não são caras, ou até mesmo que produzem um ganho, seria difícil rechaçar o argumento da performance sob pretexto de que não coincide com nossos princípios de justiça.

Partindo da constatação de que, na Europa, apenas 5% das grandes empresas cotadas na Bolsa têm à frente uma mulher e que as mulheres representam menos de um quarto dos membros dos conselhos de administração, a Comissão Europeia propôs, em 2012, uma diretiva visando atingir *uma representação mais equilibrada de homens e mulheres nos conselhos das empresas*. Essa proposta foi bloqueada no Conselho Europeu, pois alguns países, entre eles a Alemanha e a Holanda, se opuseram. A discussão entre parceiros poderia continuar com o argumento de justiça e de luta contra as discriminações. Na verdade, a sub-representação de mulheres nos conselhos de administração resulta em parte de processos desiguais e de discriminações que limitam suas possibilidades de ter acesso a cargos de poder. Trata-se de uma transgressão ao princípio de justiça que é a igualdade. É em nome desse princípio que políticas como as cotas podem ser defendidas. Nessa perspectiva, a eficiência delas é avaliada em vista da capacidade que possam ter de aumentar a representação das mulheres nesses conselhos. Os países que já adotaram uma lei que obrigue uma representação de 40% de mulheres nos conselhos de administração, como a França e a Itália, são aqueles onde a dinâmica foi mais forte. Portanto, o objetivo foi atingido, pois as cotas permitiram corrigir o déficit de representação das mulheres nesses postos decisórios. No entanto, esse argumento não é suficiente. A diretiva foi defendida acrescentando um argumento de eficácia: as cotas conduziriam *a uma melhora da governança das empresas bem como de suas performances*. Nesse caso, apostamos que a sub-representação das mulheres nesses conselhos é fonte de ineficácia e que convém assim corrigir esse desequilíbrio. A eficiência das cotas deve, portanto, ser avaliada segundo os critérios da capacidade de aumentar a performance, caso contrário, seriam consideradas ineficientes, e a promessa não seria mantida.

Será que as empresas que têm mais mulheres no seu conselho de administração são mais eficientes? Uma abundante literatura foi desenvolvida para tentar responder a essa pergunta. Nenhum consenso foi extraído daí: alguns trabalhos constatam uma relação positiva entre as performances na Bolsa e a presença de mulheres nas instâncias de decisão,[42] outros não veem nenhum efeito significativo,[43] e outros resultados indicam um efeito negativo.[44] De um ponto de vista metodológico, é difícil verificar a relação causal entre a representação de mulheres nas instâncias de decisão e a performance das empresas. É possível que algumas empresas saudáveis concedam mais lugares às mulheres; portanto, não seria a presença de mulheres que garantiria a performance, mas o inverso. Também é possível que as empresas em dificuldade se feminizem, uma vez que não seriam atrativas para os homens. Nesse caso não seria a presença das mulheres que levaria a essa performance deficitária, mas o contrário. Façamos a pergunta de outro modo: se esse melhora da performance devido à presença das mulheres existe, de onde viria? O primeiro argumento é o da complementaridade dos sexos: a diversidade de posições e dos comportamentos é fonte de riqueza (em matéria de marketing e de argumentos de venda, de criatividade e, também, de resoluções dos problemas complexos que

---

42 Michel Ferrary, "Les femmes influencent-elles la performance des entreprises? Une étude des entreprises du CAC 40 no período de 2002 – 2006". *Travail, Genre et Sociétés*, n. 23, p. 181-191, 2010. Nina Smith, Valdemar Smith e Mette Verner, "Do Women in Top Management Affect Firm Performance? A Panel Study of 2500 Danish Firms", *International Journal of Productivity and Performance Management*, v. 55, n. 7, p. 569-593, 2006.

43 Nancy J. Mohan e C R. Chen, "Are IPOs Priced Diferently Based Upon Gender?" *Journal of Behavioral Finance*, v. 5, n. 1, p. 57-65, 2004. Joana Marinova, Janneke Platenga e Chantal Remery, "Gender Diversity and Firm Performance: Evidence from Dutch and Danish Boardrooms", *The International Journal of Human Resource Management*, v. 27, n. 15, p. 1777-1790, 2016.

44 Renée B. Adams e Daniel Ferreira, "Women in the Boardroom and their Impact on Governance and Performance", *Journal of Financial Economics*, v. 94, n. 2, p. 291-309, 2009.

requerem pontos de vista diferentes e, ainda, flexibilidade de equipes).[45] O segundo argumento é o do uso do "capital humano": diante da falta de mão de obra qualificada, as empresas não têm outra escolha a não ser aumentar o viveiro de recrutamento, o que é fonte de ganho. Como atualmente as mulheres são em média mais bem formadas do que os homens, essa sub-representação em cargos de decisão significa subutilizar as competências disponíveis.

O primeiro argumento, o da diferença de sexos, é reativado a cada crise que as nossas sociedades atravessam. Depois da crise financeira de 2008, os riscos exagerados assumidos por alguns bancos foram analisados retrospectivamente como sendo fruto de uma cultura masculina. Como as mulheres são consideradas mais prudentes diante do risco, a presença delas nas instâncias de decisão desses bancos teria permitido equilibrar as escolhas estratégicas. Christine Lagarde[46] afirmou que se Lehman Brothers fosse Lehman Sisters, o banco não teria falido.[47] Assim, a mescla de sexos nos cargos de poder seria a garantia de um equilíbrio nas tomadas de decisão. A crise sanitária relacionada à pandemia da Covid-19 não escapou desse *ritornello*. Lemos na imprensa que os países dirigidos por mulheres gerenciaram melhor a crise do que os países dirigidos por homens:[48] mais empáticas e preocupadas com os outros, as chefes de Estado teriam adotado uma gestão mais humana e eficiente desse choque sanitário inédito. Em primeiro lugar, existem tão poucos países dirigidos por mulheres no mundo (menos de 10% dos

---

45 Ver Taylor H. Cox e Stacy Blake, "Managing Cultural Diversity: Implications for Organizational Competitiveness, *Academy of Management Perspectives*, v. 5, n. 3, p. 45-56, 1991.

46 Advogada francesa, primeira mulher a presidir o Fundo Monetário Internacional (FMI) 2011-2019 e atual presidente do Banco Central Europeu 2023-.

47 Disponível em: https://www.youtube.com/watch?v=XtI_BpqoZ30. Acesso em janeiro de 2023.

48 Avivah Wittenberg-Cox, "What Do Countries with The Best Coronavirus Responses Have in Common? Women leaders", *Forbes*, 13 abr. 2020. Cami Anderson, "Why do Women Make Such Good Leaders During Covid – 19?", *Forbes*, 19 abr. 2020. Amanda Taub, "Why Are Women-Led Nations Doing Better With Covid – 19? A New Leadership Style Offers Promise for a New Era of Global Threats", *The New York Times*, 15 mai. 2020.

países membros das Nações Unidas, ou seja, 16 países em 2020) que é difícil estabelecer uma relação estatística confiável. Além disso, uma correlação não indica causalidade: os países mais preocupados em lutar contra as desigualdades e as discriminações podem estar mais bem equipados do que outros para fazer frente a um tal desafio. E exatamente por serem mais inclusivos, têm mais chance de serem dirigidos por uma mulher. Por fim, é possível que as mulheres que, em média, têm uma experiência social diferente dos homens, por causa das normas de gênero, sejam mais empáticas e mais preocupadas a longo prazo e, portanto, mais capazes de gerenciar as crises. Portanto, são os valores femininos que se deve valorizar e não as mulheres enquanto tal – exceto se cairmos em um essencialismo de um outro tempo que associa as mulheres às qualidades ditas "femininas". Seria conveniente conceder um espaço mais importante e valorizar esses comportamentos ditos "femininos". Isso levaria a dissolver a hierarquia entre masculino e feminino (capítulo 2).

Será que as mulheres e os homens se comportam de modo diferente diante do risco e da competição? A economia experimental produziu uma literatura abundante para tentar medir as diferenças entre os sexos. A conclusão é que, em geral, as mulheres são menos inclinadas a tomar decisões arriscadas e menos competitivas do que os homens.[49] Alguns estudos mostraram que essas diferenças dependem do estado de relações de forças entre os sexos na sociedade.[50] Como todos os estudos de economia experimental, os resultados são sensíveis ao meio no qual os indivíduos evoluem (capítulo 1). Essa literatura também está sujeita ao viés de publicação, pois é muito mais difícil publicar uma experiência sem mostrar nenhuma diferença significativa

---

[49] Muriel Niederle e Lise Vesterlund, "Do Women Shy Away from Competition? Do Men Compete Too Much?", *The Quarterly Journal of Economics*, v. 122, n. 3, p. 1067-1101, 2007.

[50] Uri Gneezy, Kenneth L. Leonard e John A. List, "Gender Differences in Competition: Evidence From a Matrilineal and a Patriarchal Society", *Econometrica*, v. 77, n. 5, p. 1637-1664, 2009. Ghazala Azmat e Barbara Petrongolo, "Gender and the Labor Market: What Have we Learned from Field and Lab Experiments?", *Labour Economics*, v. 30, n. C, p. 22-40, 2014.

entre os comportamentos das mulheres e dos homens; esses resultados são, de fato, menos visíveis. Por fim, não se deve dar um sentido exagerado a essas diferenças sutis e, sobretudo, bem mais fracas do que as observadas entre os indivíduos em geral.[51] O tropismo sobre essas diferenças comportamentais entre os sexos reativa os estereótipos de gênero e racionaliza a discriminação estatística (capítulo 5).

Enfim, se existem diferenças de comportamento entre os sexos, mesmo que sejam pequenas, não é um fato surpreendente, pois mulheres e homens, meninas e meninos, têm diferentes experiências sociais: os estereótipos e as normas de gênero agem desde a primeira infância na família, na escola e na sociedade. As injunções comportamentais atribuídas aos dois sexos ainda são fortes. A igualdade exige que ponhamos um fim a essa tirania do gênero,[52] o que deveria atenuar essas diferenças de comportamento entre os sexos. Portanto, é paradoxal promover o lugar das mulheres nos cargos de poder econômico, se fundamentando na performance que poderia produzir a complementaridade dos sexos, complementaridade a qual precisamente desejamos pôr um fim, em uma ótica de emancipação dos indivíduos em relação às normas de gênero.

O segundo argumento de desempenho é o da má alocação do capital humano: é ineficaz não promover as mulheres à altura da sua competência. O número de cargos de responsabilidade ou, ainda, o número de vagas nos conselhos de administração é limitado. Vamos supor que pudéssemos observar a competência dos indivíduos e que essa competência associada a um cargo de responsabilidades seja fonte de um desempenho (em teoria isso faz sentido, entretanto na prática as coisas são mais complicadas). Nesse contexto, existem três configurações possíveis para a atribuição de um cargo. No primeiro caso, as mulheres são menos competentes do que os homens e, portanto, não são nomeadas.

---

51 Julie A. Nelson, *Gender and Risk-Taking. Economics, Evidence, and Why the Answer Matters*, Londres: Routledge, 2017.

52 Marie Duru-Bellat, *La Tyrannie du genre. op.cit*

Aplicar uma política de cotas levaria a nomear mulheres menos qualificadas e, portanto, seria uma fonte de ineficácia. Essa situação dá razão à abordagem neoliberal: vamos deixar o mercado agir, as escolhas que dele derivam são mais eficientes. No segundo caso, os homens escolhidos são menos competentes do que as mulheres que poderiam ser selecionadas. Dessa vez, corrigir o mecanismo discriminatório por meio de cotas gera avanços, porque permite recrutar pessoas mais qualificadas para os cargos. Na ótica neoliberal clássica, essa situação não existe, pois é corrigida pelo mercado que põe um fim às discriminações (capítulo 5). Por fim, no último caso, as mulheres têm menos chances de serem nomeadas do que os homens com competências iguais, então, corrigir a discriminação por cotas não traz nenhum ganho em performance. Se o homem for tão competente quanto a mulher, essa situação sem cotas é tão eficaz quanto a com cotas e não deixa de ser injusta porque, sistematicamente, se escolhe o homem e não a mulher. Tudo isso supõe que seja possível comparar habilmente as competências individuais, o que não é o caso. Essa margem de incerteza favorece a discriminação contra as mulheres por motivos pretensamente objetivos. Sob o pretexto das diferenças individuais, os comportamentos discriminatórios indiretos e sistêmicos persistem, remetendo a responsabilidade às pessoas discriminadas.[53] A questão pertinente não portanto a de eficiência, mas a da justa redistribuição de recursos e riquezas. No nível macroeconômico, as discriminações salariais em relação às mulheres podem aumentar a atratividade de alguns países em matéria de investimentos diretos estrangeiros. Por exemplo, nos países semi-industrializados, com economias abertas e fortemente envolvidos na globalização (Tailândia e Taiwan, por exemplo), a discriminação salarial estimula o crescimento econômico. Na verdade, a diferença de salário entre as mulheres e os homens nesses lugares é superior às diferenças de produtividade entre

---

[53] Marie Mercat-Bruns, "La discrimination systémique: peut-on repenser les outils de la non-discrimination en Europe ?", *Revue des Droits de l'Homme*, n. 14, 2018. Disponível em: https://journals.openedition.org/revdh/3972. Acesso em janeiro de 2023

os sexos, o que torna esses países mais atrativos para os investimentos estrangeiros. O menor custo do trabalho das mulheres constitui uma fonte de lucro.[54] No entanto, devemos aceitá-lo?

A resposta à pergunta da avaliação da performance econômica das políticas de igualdade não é simples nem unívoca. As cotas representam uma ferramenta entre várias para lutar contra as desigualdades entre os sexos e, em especial, contra a sub-representação das mulheres nos espaços de poder. Ressaltar o desempenho possível ou idealizado do que poderíamos atingir a partir do acesso das mulheres aos cargos de responsabilidades ou, mais geralmente, das políticas de igualdade significa minimizar, e até negar, a discriminação que elas sofrem. A dinâmica igualitária pode, às vezes, produzir efeitos econômicos positivos em certas configurações, efeitos que podemos qualificar de benefícios colaterais de igualdade, mas estes não podem servir como justificativa para essas políticas.

---

54 Stephanie Seguino, "Gender Inequality and Economic Growth: A Cross-Country Analysis", *Word Development*, v. 28, n. 7, p. 1211-1230, 2000.

Conclusão

POR UMA ECONOMIA POLÍTICA FEMINISTA

A igualdade dos sexos não é um objetivo consensual, porque não gera apenas vencedores e não cria necessariamente desenvolvimento e enriquecimento material. Por este motivo, encontra resistências para além das forças conservadoras. Se queremos igualdade, como podemos atingi-la? Os estudos econômicos realizados a partir de uma perspectiva feminista, qualquer que seja o quadro analítico considerado, fornecem elementos de resposta, apesar das controvérsias inerentes a qualquer campo científico. Permitem conhecer as características das desigualdades e das discriminações. Avaliam a capacidade das políticas públicas e de outros mecanismos para reduzir essas desigualdades. Essa base de conhecimento oferece alternativas para construir uma economia política feminista. Para ilustrar como ela seria, tomemos o exemplo da França.

Na primavera de 2017, a Comissão Europeia submeteu ao Conselho Europeu uma proposta de diretriz sobre o equilíbrio entre a vida profissional e a vida privada de pais e cuidadores.[1] O objetivo geral era:

> [...] garantir a implementação do princípio de igualdade entre homens e mulheres no que diz respeito às suas possibilidades no mercado de trabalho e ao tratamento no trabalho. Trata-se de enfrentar a sub-representação de mulheres no mercado de emprego e de apoiar o seu progresso na carreira por meio de melhores condições para conciliar o trabalho e as responsabilidades privadas assim como au-

---

[1] Para uma análise detalhada da história das diretrizes europeias sobre as licenças parentais, e sobre essa diretriz em particular, ver o anexo 1 "A proposta da diretriz - equilíbrio da vida profissional e vida privada" (licenças paternidade, parentais e de cuidadores), do relatório do Alto Conselho da Família, da Infância e da Idade (HCFEA, na sigla em francês), *Voies de réforme des congés parentaux dans une stratégie globale d'accueil de la petite enfance*, adotado pelo Conselho da Família de 13 de fevereiro de 2019.

mentar o a participação dos homens para as licenças familiares e fórmulas flexíveis de trabalho.[2]

De fato, a redução das desigualdades profissionais passa pela instauração de licenças parentais, mais curtas, bem pagas e acompanhadas de uma incitação, até mesmo de uma obrigação dos pais a recorrer a elas, sem o que seria impossível reequilibrar a divisão de tarefas na família (capítulo 5). Em suma, na ausência de políticas transformadoras, a igualdade continuará inacessível. A diretriz propõe assim a instauração de uma licença parental de quatro meses para cada um dos membros do casal, pai e mãe, remunerada no mesmo nível da licença-doença, flexível e corrente até os doze anos da criança. Vários países se opõem a isso, entre eles a França, e Emmanuel Macron invocou o seguinte argumento orçamentário: "Aprovo os princípios, é uma bela ideia, mas que pode custar muito caro e acabar por ser insustentável."[3] Finalmente, essa diretriz foi esvaziada de sua dimensão transformadora, antes de ser adotada em 2019 pelo Parlamento Europeu. Ela não mais implica qualquer obrigação para a França, cujo sistema está de acordo com as novas obrigações impostas aos Estados membros em matéria de licenças parentais. No entanto, a licença parental francesa deve ser reformada em uma perspectiva de igualdade dos sexos. Com uma duração de três anos, a alocação da licença parental com taxa plena representa o equivalente a um terço do SMIC (Salário Mínimo Interprofissional de Crescimento [salário mínimo francês]) e 98% dos seus beneficiários são mulheres.[4] Cada ano fora do mercado de trabalho reduz consideravelmen-

---

[2] Proposta de diretiva do Parlamento europeu e do Conselho a respeito do equilíbrio entre vida profissional e vida privada dos pais e cuidadores e revogando a diretiva 2010/18/EU do Conselho. COM/ 2017/ 0253 final – 2017/085 (COD).

[3] Ver, por exemplo, Cécile Ducourtieux, "À Bruxelles, la France s'oppose à un congé parental mieux rémunéré", *Le Monde*, 14 mai. 2018.

[4] Antes de 1994, só os pais de um terceiro filho (ou mais) eram elegíveis para alocação parental de educação (APE). Em 1994, a APE foi estendida ao segundo filho, incitando as mães de dois filhos, um dos quais menor de três anos, a se retirar do mercado de trabalho. Ver, por exemplo, Thomas Piketty, "L'impact de l'allocation parentale d'éducation sur l'activité féminine et la fécondité en France, 1982-2002", in Cécile Lefèvre e Alexandra Filhon (dir.), *Histoires de familles, histoires familiales. Les résultats de l'enquête Famille de 1999*, Paris, Ined, "Cahiers de l'Ined", n. 156, p. 79-109, 2005.

te seus salários e as futuras aposentadorias às quais terão direito.[5] Em 2015, a duração da licença parental indenizada que um pai (ou mãe) poderia ter foi reduzida para dois anos, sendo que o último ano pertence ao outro cônjuge. Se as mulheres voltaram mais rapidamente ao mercado de trabalho, os homens não usufruíram do ano de licença que lhes era reservado.[6] A proposta inicial da diretriz europeia visava precisamente oferecer uma licença atrativa para os pais, concedendo uma indenização mais generosa. No entanto, o argumento orçamentário é um elemento importante que não pode ser rechaçado de maneira leviana. Essa licença parental renovada teria custado até 3 bilhões de euros.[7] A título de comparação, as alocações familiares representam atualmente um pouco mais de 12 bilhões de euros. Mas, ao apoiar essa ambiciosa proposta no cenário europeu, a França poderia ter se colocado na vanguarda em matéria de igualdade. Para isso, poderia ter adotado uma perspectiva sistêmica das políticas públicas, isto é, feito um reexame de todo o seu sistema fiscal e social de modo a permitir o financiamento desse tipo de licença parental.

Na verdade, o Estado de bem-estar social francês ainda está marcado por um familismo que minora as desigualdades econômicas no seio do casal e subestima o caráter sexuado e de gênero da dinâmica das trajetórias de vida (emprego, ruptura familiar[8], entre outros). O

---

[5] Ver Laurent Lequien, "Durée d'une interruption de carrière à la suite d'une naissance: impact sur les salaires. L'exemple de la réforme de l'APE", *Politiques Sociales et Familiales*, n. 108, p. 59-72, 2012.

[6] Ver Hélène Périvier e Grégory Verdugo, "Can Parental Leave be Shared?", *Sciences Po OFCE Working Paper*, n. 6, 2021.

[7] Ver as simulações realizadas pelo Alto Conselho da Família, da Infancia e da Idade (HCFEA, na sigla em francês) no seu relatório *Voies de réforme des congés parentaux dans une stratégie globale d'accueil de la petite enfance*, adotado pelo Conselho da Família em 13 de fevereiro de 2019.

[8] No âmbito de uma união livre, nenhuma proteção é prevista em caso de separação. No entanto, a divisão sexual do trabalho não se dissolveu completamente com o desenvolvimento dessa forma de união, o que põe as mulheres vivendo em concubinato com filhos em uma situação potencialmente frágil em caso de ruptura, mesmo que as mulheres vivendo em concubinato aparentemente recuperem mais rápido o nível de vida que tinham antes da separação do que as que tinham sido casadas ou viviam em união estável. Lamia Kandil e Hélène Périvier, "Sharing or Not Sharing? Household division of labor and Marital Status in France 1985-2009", *Population 2021*. Vianney Costemalle, "Formations et ruptures d'unions: quelles sont les spécifités des unions libres?", *France, portrait social, Insee Références*, 2017.

pilar mais emblemático é atualmente o cálculo do imposto de renda dos casais pela declaração conjunta baseada no quociente conjugal (capítulo 5). Diferentemente dos casais que convivem em união livre (sem contrato), os cônjuges legalmente ou em união estável, o PACS, (Pacto Civil de Solidariedade, sigla em francês) declaram suas rendas em conjunto e os impostos são calculados sobre uma base comum.[9] O quociente conjugal opera assim uma redistribuição fiscal favorável aos lares nos quais as rendas dos dois diferem. Ele constitui um freio à atividade das mulheres casadas e representa uma redistribuição bastante discutível do ponto de vista da equidade fiscal, pois o proveito fiscal oriundo do quociente conjugal aumenta com a renda do casal.[10] Uma reforma do imposto aplicado às declarações conjuntas dos casais liberaria receitas fiscais suplementares de 3 a 7 bilhões de euros, segundo as modalidades consideradas,[11] permitindo financiar amplamente uma licença parental curta, bem indenizada e compartilhada entre mães e pais, e até mesmo articulá-la com um serviço público voltado para a primeira infância. O argumento orçamentário não mais se sustenta a partir do momento em que passamos a adotar uma abordagem sistêmica das políticas públicas. Para introduzir direitos novos e progressistas, é preciso renunciar a certos direitos mais antigos e conservadores.

A metamorfose do Estado de bem-estar social iniciada ao longo dos anos 1970 para acompanhar a entrada das mulheres no mercado de

---

[9] O quociente conjugal atribui duas unidades fiscais aos cônjuges legalmente casados ou em união estável. A tabela progressiva do imposto de renda se aplica portanto à média da renda do casal. Caso se trate de cobrar imposto sobre nível de vida e não sobre renda dos casais, então um casal deveria ser encarado apenas como uma unidade e meia (contra uma unidade fiscal para um celibatário) segundo os critérios da escala de equivalência da OCDE. Para mais detalhes, ver Guillaume Allègre, Hélène Périvier e Muriel Pucci, "Imposition des couples em France et statut marital. Simulation de trois réformes du quotidien conjugal", *Sciences Po OFCE Working Paper*, n. 13, 2019.

[10] Mathias André e Antoine Sireyjol, "Impositions des couples et des familles: effets budgétaires et redistributifs de l'impôt sur le revenu". *Document de travail de l'Insee* G2019/10/2019.

[11] Guillaume Allègre, Hélène Péruvier e Muriel Pucci, "Imposition des couples et statut marital. Simulation de trois réformes du quotient conjugal en France", *Économie et Statistique*, n. 526-527, p. 3-20, 2021. Ver também Camille Landais, Thomas Piketty e Emmanuel Saez, *Pour une révolution fiscale. Um impôt sur le revenu pour le XXIᵉ*, Paris: Seuil/ La République des Idées, 2011.

trabalho assalariado permanece inacabada, pois a igualdade dos sexos nunca esteve no centro de uma reestruturação da articulação entre a família, o mercado e o Estado de bem-estar social. A transição para outro modelo é mais complexa do que parece. A supressão de algumas proteções associadas ao modelo do Senhor Ganha-pão pode degradar a situação econômica das mulheres caso não esteja associada a políticas voluntaristas que levem em conta o tempo dedicado ao cuidado das pessoas dependentes. Portanto, o desafio consiste em combinar um sistema de proteções sociais e de políticas que encorajem a divisão de tarefas nos casais e que socializem o *care* [cuidado], por meio de um serviço público de acolhimento da primeira infância e de formas de atendimento e cuidados dos idosos dependentes. Uma economia política feminista é possível desde que se repense o conjunto do sistema fiscal e social de modo a construir um modelo coerente, portador de emancipação e de igualdade.

Agradecimentos

Este livro nunca teria sido escrito sem o encorajamento de Julie Gazier. Agradeço também a Anne-Laure Génin por sua releitura editorial, a Violette Toye por seu apoio, assim como a Dominique Meurs, Françoise Milewski, Janine Mossuz-Lavau, Maxime Parodi, Sophie Ponthieux e Xavier Timbeau por seus comentários estimulantes e, por fim, a Thomas Piketty por ter escrito o prefácio.

Este livro foi editado pela Bazar do Tempo na cidade de São Sebastião do Rio de Janeiro e impresso em pólen bold 70g pela gráfica Piffer, em janeiro de 2023. Foram usadas as fontes Bauziet, do estúdio Letter Omega Typefoundry e Bely, de Roxane Gataud.